AF145616

Marie Eugenie Delle Grazie

Gedichte

Marie Eugenie Delle Grazie

Gedichte

ISBN/EAN: 9783743668928

Hergestellt in Europa, USA, Kanada, Australien, Japan

Cover: Foto ©Thomas Meinert / pixelio.de

Weitere Bücher finden Sie auf **www.hansebooks.com**

M. P. della Grazie

Gedichte

von

M. E. delle Grazie.

o——

Dritte, sehr vermehrte Auflage.
Mit dem Bildnisse der Verfasserin von William Unger.

Leipzig
Druck und Verlag von Breitkopf und Härtel
1895.

Inhalt.

Dämmerung.

— ◦ —

Sinkt nieder um mich, blaue Dämmerschatten,
Hüll' tief mich in dein sammt'nes Kleid, o Nacht,
Denn Sehnsucht will nun mit dem Traum sich gatten,
Und wonnig aufgelöst fühl' ich ermatten
Die Scheu, die sonst so streng dies Herz bewacht!

Was Frevel mir erschien im Licht des Tages —
Warum heischt wie ein Recht es nun mein Blut,
Gebieterisch, süß-ungestümen Schlages?
Warum bannt kein: „Bleib' stark!" kein stolz: „Versag' es!"
Die Lavawogen dieser jähen Glut?

Wie Tag und Nacht sich ineinanderspinnen
Im Blau der Dämm'rung, mystisch, nebelhaft:
So reißt dies orph'sche Sehnen mich von hinnen,
Fühl' Gut und Bös' ich wesenlos zerrinnen
Im Dämm'rungszauber meiner Leidenschaft!

Liebes-Zauber.

Eine ganze Nacht, eine ganze Nacht
Nur von Dir geträumt, nur an Dich gedacht,
Lieb- und wahnbethört,
Süß und ungestört,
Eine ganze Nacht
Hold durchwacht!

Seit ich Dir gelauscht, seit ich Dich geseh'n:
Ist mein Glück dahin, ist's um mich gescheh'n,
Sehnsucht, Leid und Lust
Heben meine Brust —
Seit ich Dich geseh'n,
Ist's gescheh'n!

Wie verberg' ich's Dir? Wie entflieh' ich mir?
Wo ich bin und geh', ist mein Herz bei Dir!
Durch die ganze Welt
Blieb' es Dir gesellt —
Wie verberg' ich's Dir?
Wie entflieh' ich mir?

Friedhof.

Im Friedhof schimmert der Flieder
Und kosige Maienluft
Trägt bis zu mir herüber
Den süß betäubenden Duft.

Er legt sich um meine Sinne
So schwer wie ein Zauberbann,
Es ist, als hätten die Toten
Ein Leides mir angethan;

Die Toten, die ohne Liebe
Gestiegen in ihre Gruft,
Und deren Sehnsucht nun einsam
Verblutet im Fliederduft!

„Ich liebe Dich —"

Bei Blumenduft und Mondenschein
Sprachst Du zuerst das süße Wort:
„Ich liebe Dich!"
Da zog es in mein Herz hinein
Wie Blumenduft und Mondenschein.
Doch zog draus Ruh' und Friede fort,
Als ich auch sprach das süße Wort:
„Ich liebe Dich!"

Frühling.

— · —

Im Brautbett liegt die Erde,
Eine lechzende Danaë —
Daß des Frühlings Segen ihr werde
Aufstöhnt sie in brünstigem Weh,
Und dehnt verlangend die Glieder ...
Da geht er über sie nieder,
Und bestreut sie mit Veilchen und Flieder,
Und der Apfelblüten Schnee!

Im Brautbett liegen die Sinne,
Unf're Sinn' noch auf weichem Pfühl —
O laß uns genießen der Minne,
So lang' sie von Sehnsucht so schwül:
Ein Gott, soll sie niedergehen
Über Dich, über mich — und stehen
Wir auf, soll der Lenz uns umwehen,
Tauriefelnd und blütenkühl!

Schwüle.

—•—

So einsam ist's . . . nur Mücken schwirren
Wie gold'ne Funken um mich her;
Von Düften, die ins Weite irren
Ward träg die Sommerluft und schwer.

Es dampft das Gras, darin die Glieder
Gelöst ich streck', zu dumpfer Ruh';
Mit weißen Blüten deckt der Flieder
Mir langsam Lipp' und Wangen zu.

Und Wetterwolken seh' ich steigen,
Verlor'ne Donner murren hohl,
Wie traumumfangen in den Zweigen
Stimmt leis' dazwischen ein Pirol.

Nun schweigt er . . . nur ein brünftig Beben
Durchzuckt die Luft noch, sehnsuchtsschwül —
An Leib und Seel' Dir hingegeben,
Lieg' reglos ich auf meinem Pfühl . . . .

Mitternacht.

Der Wunderstunde harrt im Leben
Die Seele, manche Mitternacht,
Der Stunde, die zu Eigen geben
Ihr soll geheimsten Wissens Macht.
Und sei's im Guten oder Bösen —
Von frevler Sehnsucht schauern wir,
Das Rätsel uns'res Seins zu lösen ...
Doch keine Nacht giebt Antwort ihr,
Der Ringenden, auf Abgrundklippen;
Und wenn die kalte „Eins!" ergellt,
Sagt ihr die Zeit mit eh'rnen Lippen:
„Du bist auf Dich allein gestellt!"

Im Winter.

—.•.—

Es liegt in weißer Hülle
Begraben Berg und Thal,
Der Blumen holde Fülle
Entschwunden allzumal.

In ihren dunklen Räumen
Birgt sie die Erde warm,
Und selig sie hier träumen,
Vergessen allen Harm.

Auch ich möcht' gerne träumen,
Mein Herz, es ist so schwer —
Willst Du noch lange säumen
Mit Deiner Wiederkehr?

Ein Goldton zittert durch die Luft....

Ein Goldton zittert durch die Luft
Und färbt die kahlen Felder,
Aus winterschweren Träumen ruft
Der Amsel Schlag die Wälder.

Liebkosend weckt des Südwind's Hauch
Die Knospen all' im Haine,
Und: „Frühling wird's, komm' auch, komm' auch!"
Ruft Blüt' um Blüt' am Raine.

Bald jauchzt das Auferstehungslied
Des Licht's durch alle Fernen,
Und süßer Opferweihrauch zieht
Aus tausend Blütensternen.

„Und Frühling wird es!" jauchzt so rein
Die Luft aus allen Kehlen —
Ein Goldton zittert durch das Sein:
Der Frühling junger Seelen!

Liebeshymne.

So bist Du mein?
Bin ich Dein?
O süße Lust!
Von Deinem Arm umschlungen,
Von Liebe ganz durchdrungen,
Ruh' ich an Deiner Brust —
O süße Lust!

Sieh', um uns blühen die Rosen,
Die lieben Vögelein kosen
Wie wir —
Und liebeschützend gleitet
Die Nacht heran, und breitet
Den Sternenschleier
Über uns!

Komm'!

Die Rechte schling' mir um den Hals,
Die Linke um den Leib,
Und küsse mich — heut' bin ich nur
Ein liebedurstig Weib!

Weit, weit bieg' ich das Haupt zurück,
Und reich' Dir Wang' und Mund —
So nimm und gieb und küsse mich
Einmal gesund, gesund!

Was frag' ich weiter nach der Welt,
Halt' ich im Glücke Rast?
Ich lieb', ich lieb', da lad' ich mir
Den Himmel nur zu Gast!

Dein Auge.

— • —

Welche Wonne, welch' Entzücken,
Liebster, in Dein Aug' zu blicken,
Das so tief, so sehnend blaut;
Das, vom reinsten Glücke trunken
Freude sprüht in hellen Funken,
Wonnesam und liebetraut!

Was die Welt an Schönem heget,
Was das Menschenherz beweget,
Lacht aus Deinem Aug' mich an;
Und ich fühl' mit süßem Bangen,
Daß der Seele Glutverlangen
Nicht ein leerer, eitler Wahn.

War mein Leben doch so trübe,
Ohne Hoffnung, ohne Liebe,
War das Glück mir doch so fern',
Eh' mit himmlischem Gefunkel
Durch das tiefe Schmerzensdunkel
Hold erglänzt mir dieser Stern;

Und so mög' er ewig glühen,
Ewig Glück und Wonne sprühen,
Aus der Seele tiefstem Schacht,
Daß mein Herz, von Lieb' durchdrungen,
Und von sel'ger Lust durchklungen,
Froh zu neuem Sein erwacht!

Der Nil.

(Nach der gleichnamigen antiken Kolossalstatue im Vatikan.)

— • —

Ernst und sinnend gelehnt an die mächtige Sphinx
Ruhst du, gewaltiger Gott, das greise Haupt
Umwallt von prächtigen Locken,
Und tief in die Stirne gedrückt
Den rauschenden Schilfkranz.

Um dich her spielen die neckischen Amorinen
Mit deiner beschuppten Herde, den Krokodilen,
Die trübselig und langweilig gähnend
Am Ufer ruh'n.
Im Füllhorn aber sitzt mit gekreuzten Armen
Amor, der kleine Schelm, und blickt
Lieblich lächelnd dich an;
Du aber beachtest ihn nicht.
Ernst und gedankenvoll
Schweift dein Blick in die weite Ferne,
Als wollt' er uralte Zeiten heraufbeschwören,
Die längst schon hinabgerauscht
Ins stille Meer der Vergangenheit.
Doch siehe! Noch einmal
Schweben sie leuchtend herauf, und noch einmal
Ist's dir gegönnt, die entschwund'nen zu schauen.

Das war der herrlichste Morgen, als du,
Den Traum der Kindheit abschüttelnd, zum ersten Male
Wie ein schöner, strahlender Jüngling
Dies blühende Ufer berührtest.

Süße Hoffnungen schwellten deine Brust und jauchzend
Hoben sich deine kristallenen Fluten,
Goldgrün und rosig schimmernd
Von tausend Strahlen durchfunkelt, denn eben ging
Im purpurnen Osten die Sonne auf und sandte
Weithin ihr himmlisches Licht.
Und sieh', da entrollte
Von ferne sich dir ein seltsames Bild:
Tausend und abertausend Menschen
Eilten im bunten Gewimmel
Geschäftig hin und her; keuchend und schweißtriefend
Durchmaßen sie die sand'ge Eb'ne und schleppten
Aus fernen Gebirgen gewaltige Steine herbei.
Einer wurde getürmt auf den andern und bald
Ragte ein massiger Bau in die Lüfte,
Unermeßlich in seiner Weite,
Unermeßlich in seiner Höhe,
Hob er sich wie für Ewigkeiten gegründet und schaute
Weithin über die Eb'ne, die ängstlich bebend
Den steinernen Riesenkörper trug.
Du sahst dabei
Im Purpurmantel den mächtigen Pharao
Mit kalter, herrischer Miene
Dies Bauwerk fördern; sollt' es ja
Zu seinem Grabmal bestimmt, der staunenden Welt
Von seiner Größe und Macht einst zeugen!
Doch sahst du auch
Die unzählbaren Menschengestalten, die mühsam
Dem leisesten Wink des großen Tyrannen gehorchend,
Dies riesige Werk vollbracht?
Sahst du die bleichen Gesichter, auf die der Tod
Herbeigerufen durch tierische Angst,
Durch stumme Verzweiflung und schrecklichen Hunger
Sein ehernes Siegel gedrückt?

Ja, du sahst sie, und dumpfer grollend
Rauschten deine Wogen vorbei, und mit ihnen die Zeit.

Jahrtausende sind seitdem vergangen,
Noch stehen sie da, die mächtigen Pyramiden
So stolz und trotzig wie einst,
Noch rühmt man ihre Erbauer — doch sage:
Liegt nicht zugleich in diesem Ruhme
Die größte Schmach der Pharaone?

Ernst neigst du das sinnende Haupt, und wieder
Taucht ein andres Bild vor dir auf.
Es war in der Mitte des Sommers, mit glüh'nder Hitze
Quälte die feurige Sonne Menschen und Tiere;
Die schwellenden Matten verdorrten,
Die lieblichen Blumen erstarben,
Und selbst die riesigen Palmen
Neigten trüb' und traurig
Ihr mächtiges Haupt zur Erde.
Ringsum versiegten die murmelnden Quellen,
Träge zogen die Flüsse dahin, und auch du
Ließest aus halbvertrockneter Urne
Nur langsam die grünlichen Wogen gleiten.
Müde und abgespannt
Suchten die Tiere den Schatten, und die Menschen
Stürzten sich, dem dumpfen Gemach entfliehend,
Labende Kühlung suchend, in deine Flut.
So nahte dir auch,
Umgeben von vielen Sklavinnen,
Die schöne Königstochter Ägyptens;
Vergnügt mit ihrer Gespielin
Im rauschenden Wasser tändelnd, schwamm sie alsbald
Die Lose haschend nahe ans Ufer und bog
Das hohe Schilf ein wenig zur Seite; doch sieh',
Da hielt sie plötzlich inne — und zog erstaunt

Ein kleines, binsengeflocht'nes Körbchen hervor!

Auf ihr Rufen

Eilte behend eine Sklavin herbei und löste

Die viel verschlung'nen Knoten des Flechtwerks;

Und als dies nun gescheh'n und die Königstochter

Neugierig den Deckel hob, — da lag, o Wunder,

Ein schwarzgelocktes Knäblein im Korb und schaute

Mit großen, klugen Äuglein so flehend sie an,

Daß ihr Erstaunen alsbald zu Mitleid,

Ihr Mitleid aber zu Liebe wurde. Sanft und zärtlich

Hob sie das Kind aus dem Körbchen und wiegte

Lange sinnend es hin und her.

„Ist dies nicht," frug sie zuletzt,

„Ein Knäblein aus dem Volke der Juden, das seine Mutter,

Zu liebend, es nach dem strengen Befehle des Königs

Den Händen der Mörder zu überliefern,

Und doch auch zu furchtsam, es länger zu bergen,

Dem glücklichen Zufall hier preisgegeben?

Und ist dem auch so," sprach sie kühn entschlossen,

„Wer könnt' es der Tochter des Königs wehren,

Dies niedliche Kind zu begnad'gen und großzuziehen

Als wär's von jeher ihr Eigen? Ach seht nur, seht,

Wie traulich, die runden Ärmchen entgegenstreckend,

Der holde Knabe mich anblickt! Ja komm' an mein Herz,

Mit goldgestickten, prächtigen Kissen

Will ich Dein ärmliches Lager vertauschen,

Und liebliche Weisen singend,

In süße Träume Dich wiegen!"

So sprach die schöne Tochter des Königs und holder,

Von Thränen des Mitleids befeuchtet,

Erglänzte ihr dunkles Auge. Du aber

Hörtest gerührt die sanfte Rede und trugst sie

Leise murmelnd von Land zu Land.

Rasch zogen die Jahre dahin. Das hilflose Kind

War längst zum Knaben geworden, und dieser zum Jüngling,
Der unbekümmert um Lust und Freude,
Die lauten Feste des Hofes fliehend,
Gedankenvoll im Schilf oft saß und träumend
Den Lauf deiner Wogen verfolgte. Heiße Thränen
Entrollten seinem Aug' und starre Trauer
Wohnte in seinen Blicken; und
Du kanntest diese Thränen, galten sie doch
Dem armen, gedrückten Volke, dem er entstammte,
Den geknechteten, entwürdigten Juden!
Du aber lächelst jetzt dieser Thränen: sahst du ihn doch
In jener dunkeln Schreckensnacht,
Die jede Erstgeburt getötet,
Einherzieh'n an der Spitze der jubelnden,
Frohlockenden Israeliten. Stolz und königlich
Ragte er über die Masse des Volkes,
Drohend blitzte sein Aug' und weithin
Leuchtete seine bleiche Stirn'. Vor seinem Pfade
Floh scheu das wilde Getier der Wüste, und bebend
Teilte sich zu seinen Füßen das Meer,
Das weite Meer,
Die heilige Macht der Freiheit erkennend . . .

Doch sage, warum
Schweift dein Blick jetzt so traurig zum kleinen Amor,
Der schelmisch lächelnd dich ansieht,
Als wär' er dein ält'ster Bekannter? Ach ja,
So ganz fremd ist er dir nicht, der lockere Knabe;
Lenkte doch am lieblichsten Frühlingsabend
Schlaublinzelnd er das Steuer des herrlichsten Schiffes,
Das je deine grünen Wogen durchfurcht.
So lautlos glitt es dahin durch die stille Nacht,
Vom rauschenden Schilf nur umflüstert,
Vom goldenen Mond nur belugt,

So lautlos zog es dein grünendes Ufer entlang,
Wo heimlich duftend die Rosen blühten,
Und schmelzend im Hain die Nachtigall sang.
Drinnen aber im prächtigen Purpurgezelte,
Da ruhte, aufs schwellende Lager
Zauberisch hingegossen,
Die wonnigste aller Frauen.
Schwarz wie die Nacht war ihr langes Haar,
Das bläulich schimmernd in üppigen Locken
Den vollen Nacken bedeckte.
Schwarz wie die Nacht war ihr großes Auge,
Das liebe= und wollustsprühend
Den duftigen Raum durchirrte, und siegesbewußt
Das Auge des stolzen Mannes suchte,
Der sinnenberauscht zu ihren Füßen lag.

„Antonius," sprach sie leis, und ihr süßer Atem
Umwehte das glüh'nde Antlitz des mächtigen Römers,
Der sklavisch mit feurigen Küssen
Die Hand des üppigen Weibes bedeckte.
„Antonius!" O wie lieblich,
Wie lockend klang doch sein Name
Von diesen purpurnen Lippen — und näher
Trat er ans Lager der Zaub'rin, und tiefer
Neigte er sich zu ihr hinab.
„Antonius!" — O ihr Götter, wo lebte der Mensch,
Der kalt diesem feurigen Auge begegnen,
Kalt diese schmeichelnde Stimme hören konnte?
„Antonius!" — O der Sirenenlaute!
Schon lag er machtlos in ihren Armen, und legte
Sein halbes Reich zu den Füßen Cleopatras!
Und dunkler wurd' es gemach im Purpurzelte,
Leiser rauschte das Schilf,
Gold'ner glänzte der Mond,

Süßer dufteten alle Rosen,
Schmelzender sang die Nachtigall,
Und lautlos durch die Fluten zog
Das blumenbekränzte Schiff der Liebe.

O blicke jetzt nicht so traurig, sinnender Gott,
Erzähl' nichts von den duftigen Rosen,
Und nichts von den giftigen Nattern, die unheilbringend
Am Busen des herrlichen Weibes bald geruht.
Nein, hebe deine Augen empor zu den Sternen,
Die golden glänzend und unvergänglich
Am blauen Firmamente stehen,
Und gedenke mit ihnen der heiligen Nacht,
Die an dein Ufer den armen, verfolgten,
Den großen Heiland der Menschheit gebracht.
Denk' an ihn, da er ein hilfloses Kind,
Im Schoße der zärtlichsten Mutter ruhend,
Von seinem Opfertode schon geträumt,
Denk' an ihn und laß' alles And're versinken,
Neig' demütig dein sinnendes Haupt vor ihm,
Preise die Liebe, die er verkündet,
Preise den Frieden, den er gebracht!

Du schöne, duftige Linde....

—•—

Du schöne, duftige Linde,
Hoch oben auf alter Bastei,
Was rauschst du so traurig im Winde,
Geh'n kosend wir vorbei?

Freut dich nicht die innige Liebe,
Nicht die süße, selige Lust,
Die ferne vom Weltengetriebe
Hold blüht in uns'rer Brust?

Wohl freut mich eure Liebe,
Eure süße, selige Lust,
O daß sie doch ewig so bliebe,
In eurer jungen Brust!

Wohl freut's mich, daß eure Herzen
Einander so lieb und so gut,
Doch seh' ich euch küssen und scherzen,
Wird's mir so weh zu Mut!

Muß trauernd die Zweige ich senken,
So trübe und ahnungsschwer,
Und vergang'ner Tage gedenken,
Die einst mich erfreut so sehr;

Gedenken der vielen Menschen,
Die hier schon gejubelt — ach,
Und denen doch bald vor Liebe,
Vor Leid das Herze brach!

Schlaflos.

—•—

Leise, leise Finger pochen
Nachts an meine Fenster —
Sind's des Abendhauches Schwingen,
Oder gar Gespenster?
Die Gespenster meiner Träume,
Wünsche und Gedanken,
Die da heimatlos und klagend
In die Öde wanken?

Melusine.

—•—

Es lebt ein mystisch Wesen
In mir, ein verborgenes Sein,
Such' nicht in mir zu lesen,
Meine Seele hüllt sich ein!

Hinter undurchdringlichem Schleier,
Auf wollustsammt'nem Pfühl
Begeht sie ihre Feier
In Stunden traumesschwül!

Umweht von betäubenden Düften,
Umrauscht von fremdem Getön,
Giebt ihren Atem den Lüften
Sie hin — halb Gejauchz, halb Gestöhn ...

Such' nicht dann die Pforte zu sprengen,
Die in ihr Heiligtum führt —
Mein Gott könnte Dich versengen,
Hat Dich nicht mein Dämon verwirrt!

Du haſt mir weh' gethan ...

Du haſt mir weh' gethan —
Ich will es keinem ſagen!
Warum? Wie konnteſt Du's?
Doch nein, ich will nicht fragen!
Nur Eines wird dies Herz
Voll Jammer ewig klagen:
Du haſt mir weh', ja weh' gethan!

Die Liebe, ach, ſie gleicht
Dem Schmetterling, dem bunten,
Von rauher Hand erfaßt,
Iſt all' ſein Glanz entſchwunden, —
Die Liebe, ach, ſie gleicht,
Ich fühl's in dieſen Stunden,
Dem ſchmelzberaubten Schmetterling!

Hyazinthen.

—•—

1.

Atme in die heiße Seele
Deinen Duft hinüber mir,
Bleiche, wollüstige Blüte,
Denn verschwistert ist sie dir!

Ach, so ganz sich hinzugeben,
Blutgeboren, ohne Reu',
Sehnt sich auch ihr tiefstes Leben,
Trüg' dies laute Herz nicht Scheu.

Muß im Welken ich dir gleichen,
Blume, sei es auch im Blüh'n —
Eh' wir beide werden Leichen,
Laß' im Duft erst uns verglüh'n!

2.

Eine schöne, blasse Frau
Hat dich mir gespendet:
Schwüle Düfte wie dein Kelch
Ihre Seele sendet.

Krank ist sie, zum Sterben krank —
Schon des Todes Zeichen
Trägt sie auf der schmalen Stirn,
Auf dem Mund, dem bleichen;

Doch aus ihren Blicken wirbt
Noch das Leben trunken,
Und durch ihre Worte sprüh'n
Zischend seine Funken;

Und genießen möchte sie's,
Einatmen, verzehren,
Wie wir einen Becher Weins
Fieberdürstend leeren.

's ist ein Duft, den unheimlich
Tod und Leben mischen:
Des Jahrhunderts Trotz und Gier,
Und sein — Grab dazwischen!

Hymne im Walde.

—•—

O laßt mich noch einmal ruhen
Hier unter den schattigen Bäumen,
O laßt mich noch einmal träumen,
Ferne von allen Menschen,
Den seligen Traum des Friedens!

Was rauscht ihr mächtige Eichen,
Was singt ihr fröhliche Vögelein,
Was murmelt ihr muntere Quellen?

„Wir rauschen Friede,
Wir singen Friede,
Wir murmeln Friede!"

O Friede, heiliger Friede,
Hier bist du, hier ist dein Reich!
Hier, ferne vom lauten Getriebe der Welt,
Die alles Schöne verbannt, und alles verspottet,
Was noch ein armes Herz erquickt,
Ein armes, gebrochenes Herz, dem sie alles geraubt:
Seinen Gott, seine Liebe, sein Hoffen, sein Glück . . . .

O wie leicht, o wie frei
Aufatmet die Brust in diesen grünen Hallen,
Wo hundertjähr'ge Eichen, wie Säulen ragend,
Allmählich zur mächtigen Kuppel sich wölben,
Die ernst und sinnend emporsteigt,
Wie ein hoher, herrlicher Tempel,
Ein Tempel für dich, du Bote des Himmels,
Heiliger Friede!

O blicke huldvoll herab, von lichten Höh'n
Und höre gnädig auf mein Fleh'n,
Du Tröster gebrochener Herzen —
Hier bin ich in mein Knie gesunken,
Und habe die Arme bittend erhoben,
Die Blicke gläubig gewendet nach oben,
Hier ruf' ich zu dir im tiefsten Schmerz:
O Friede, süßer Friede,
Zieh' wieder in mein Herz!

Jugend.

Die Wipfel rauschen leise
Und seltsam um mich her —
In ihrem grünen Kreise
Wie wird mein Herz so schwer!

Ein Vöglein hör' ich singen,
Ein Blümchen nickt mir zu,
Mit weißen Taubenschwingen
Umsäuselt mich die Ruh'.

Hier saß ich einst im Maien,
In sel'ger Jugendzeit,
Das Herz voll Melodeien,
Die Seel' so weltenweit!

Im grünen Hang der Bäume
Sang auch ein Vöglein hold,
Und über meine Träume
Fiel rot das Abendgold ...

Mein Gott, hab' ich vergessen,
Daß ich so glücklich war?
Was that ich unterdessen
Doch all' die langen Jahr'?

Wie kam mir diese Trauer
Ins Herz so bang, so tief,
Und in die Seel' der Schauer,
Der einen Lenz verschlief?

Ich frag' umsonst ... es schweigen
Die Stimmen, die erwacht,
Und von den dunklen Zweigen
Sinkt kalt und schwer die Nacht!

Böcklin.

1. Frühling.

Die Anemonen sprießen
Schon lustig aus dem Grund,
Die Wasser zieh'n und fließen
Und plaudern in der Rund'.

Braungolden ruh'n die Hügel
Und aus den Knospen bricht
Wie zarte Falterflügel
Das junge Grün ans Licht.

Und mitten in dem Prangen
Sitzt stumm das Hirtenkind,
In ihren Locken fangen
Die Sonn' sich und der Wind.

Sie legt die schlanken Arme
Ums zarte, junge Knie,
Der Frühlingskuß, der warme,
Macht blaß und träum'risch sie.

Ein Wunder ist geschehen, —
Sie weiß und fühlt es kaum;
Doch fremde Wünsche gehen,
Und kommen wie im Traum.

Kein Spiel mehr will ihr taugen,
Sie bleibt mit sich allein —
In ihre großen Augen
Zog stumm die Sehnsucht ein!

2. Panischer Schreck.

Die Schwüle zittert in der Luft —
Des Sommers herber Kräuterduft
Macht trunken sie und schwer;
Grell prallt ans rötliche Gestein
Der nackte, volle Sonnenschein,
Von unten lockt die Tiefe blau und leer ...

Und braunrot wie das Sonnenlicht,
Das flimmernd am Gestein sich bricht,
Liegt träg' der Hirte da —
Berauscht von all' dem Duft und Glanz,
So wohlig hingegeben ganz,
Dem Abgrund wie dem Himmel schwindelnd nah.

So heimlich ist's, so still um ihn,
Daß lüstern plötzlich wird sein Sinn,
Und toll sein Traum und schwül —
Der Atem bleibt vor Gier ihm aus,
Er spielt mit Wollust, Tod und Graus,
Und brennend wie die Sonne wird sein Pfühl.

Kein Laut .... allein in sich gebannt,
Lauscht seine Seele unverwandt,
Sich selbst so neu und fremd —
Da schleicht es sacht an ihn heran,
Er späht zurück ... wer blickt ihn an
Und kichert auf, so traulich=unverschämt?

Ein Tierhaupt: zottig, hörnerschwer
Mit breitem, frechem Grinsen — Er!
Kalt packt's den Hirten an ...
Mit einem Satze schnellt er auf,
Vor ihm her nimmt sein Bock den Lauf,
Und hinter beiden lacht ironisch Pan!

8. Meer-Idyll.

Die Wetterwolken sinken
Zum Horizonte schwer,
Vom ersten Lichtstrahl blinken
Die Lüfte und das Meer.
In dunkler Ferne ringen
Noch Tod und Leben heiß,
Doch hier legt seine Schwingen
Der Sturm schon sanft und leis'.
Hier ruht des Meer's Sirene,
Vom Wogengischt beleckt,
In ihrer wüsten Schöne
Bacchantisch hingestreckt.
So hold und ohne Treue,
Wie unter ihr die Flut,
Im Aug' die schwarze Bläue
Des Meer's, darauf sie ruht.
Die weißen Brüste schwellen,
Dem Sturme lüstern nah,
Ihr Haar tanzt auf den Wellen —
So liegt sie brünstig da,
Und zieht das Ungeheuer
Des Schreck's in wilder Lust
Zu mystischer Liebesfeier
An ihre nackte Brust!

4. Villa am Meer.

Mit leisem Wehton schlägt das Meer hier an —
Dieselbe Melodie ist's, Stund' um Stunde,
Sie kommt und geht, wie von lebend'gem Munde
Ein Seufzer . . . seinen Flug nimmt der Orkan
Mit wildem Jauchzen über die Cypressen
Und schlanken Pinienwipfel hin — er will,
Daß sie nicht jenes düstern Tag's vergessen,
Der alles traurig hier gemacht und still!
Der Stufen Marmor bröckelt zu den Kieseln
Herab, und rollt mit ihnen dann zum Strand;
Noch steigt der Springquell, — doch wie Thränen rieseln
Die Wasser über seiner Schale Rand.
Hoch wächst das Gras auf einst betret'nen Pfaden,
Der Spur des letzten Schritt's ein lautlos Grab;
Zu einem Gang nur scheint der Weg zu laden,
Der schmale, der zum Strande führt hinab.

... Sie wird ihn geh'n, die Schwarzverhüllte, Bleiche,
Die stumm dort nachsinnt längstverlor'nem Glück,
Und brütend zusieht, wie von ihrem Reiche
Die Woge langsam fortträgt Stück um Stück.

5. Der Gang nach Emaus.

Er trat in schlichtem Kleide
An sie heran, und beide
Gewann sein sanfter Gruß —
Nun schreiten sie zu Dreien
Dieselbe Straß', und weihen
Durch ernste Wort' der Stunden raschen Fluß.

Es wird so süß, so wehe
In des Gefährten Nähe
Den Wanderern ums Herz;
Sein Wort hat Taubenschwingen,
Und seine Blicke dringen
Durch Seel' und Leib und lösen jeden Schmerz.

So geh'n dahin die Stunden —
Bald ist der Tag entschwunden —
Da hält er plötzlich an,
Und reicht die Hand den beiden:
„Lebt wohl, hier will ich scheiden,
Und einsam fürder ziehen meine Bahn!"

Sie wehren's mit Gebärden
Der Lieb': „'s will Abend werden,
O bleibe bei uns, Herr!
Schon färben sich die Hügel,
Auf goldnem Riesenflügel
Sinkt feierlich die Sonn' ins ferne Meer!"

Er lächelt und geht weiter —
So mild und göttlich heiter
Wird plötzlich sein Gesicht.
Schon liegen grau die Matten,
Die Wälder werfen Schatten,
Im Westen stirbt verdämmernd blaß das Licht.

Doch seine Worte schweben
Wie über all' dem Leben
Die Abendwolken dort.
Ihr Herz wird weit, es feuchtet
Ihr Auge sich — still leuchtet
Und wunderbar der Blick des Fremdlings fort . . . .

6. Toten-Insel.

In unbewegten Kronen schläft der Wind,
In lauer Luft der Friede sanft und lind.

Ein Hauch von fremden Blumen kommt und geht —
Derselbe Lichtglanz weilt hier früh und spät.

In blauen Duft hüllt er die Insel ein,
Halb Sonnenglanz, halb weicher Dämmerschein.

Geräuschlos schlägt die Wog' an und verschäumt —
's ist alles wie vergessen, wie geträumt . . .

Die Seel', die einst gekämpft im Weltgewühl,
Hier schläft wie eine Taub' sie weich und kühl.

In schwankem Nachen schaukelt sie heran,
Auf glatter, unbewegter Wasserbahn.

Die Kränze, die man ihrem Sarg geweiht
Nur folgen ihr in ihre Einsamkeit.

Nicht eine Furche zieht der schwarze Kiel,
Und ohne Ruder gleitet sie ans Ziel.

Entsteigt's vor ihrem Blick dem Meeresschoß,
So weltvergessen und bewegungslos;

Entschwindet hinter ihr die laute Zeit
Mit ihrem schmutz'gen Kampf und wüstem Leid;

Und gleitet wie von ihrem Leichentuch
Der Freunde Thrän', von ihr des Lebens Fluch;

Geht heilig nur der Friede vor ihr her —
Die Hände faltet sie und wünscht nichts mehr!

In Gesellschaft.

Kaum eingetreten, hab' ich's schon gerochen:
Soeben wurde hier von mir gesprochen!
So „kollegial" umfächelt mich die Luft,
Ein halb gereizter, halb pikanter Duft —
Es riecht nach litterarischen Skandälchen,
Nach Lügen und ergötzlichen Novellchen,
Auch etwas nach entrüsteter Moral,
Und schlau verkappten Neid's geheimer Qual ...

Verlegen hinkt ein dürrer Musensohn
Auf mich zu, purpurn im Gesicht wie Mohn.
Er ist gar oft an meinem Tisch gesessen, —
Heut' scheut er sich fast, mir die Hand zu pressen,
Nichts Neues just! Ich kenne den Patron:
So hielt er's auch bei mir mit andern schon,
Und kamen sie, war stets dies seine Weise —
Manch' Opfer steht gleich mir in diesem Kreise!

Die Beine hoch, bleibt eine „Freundin" sitzen,
Emancipirt bis in die Fingerspitzen —
Ich hab' manch' würdig Autograph von ihr —
Halb scheu, halb feindlich blitzt' ihr Aug' nach mir;
Da rühm' ich mir die Weitgereiste dort:
Kaum zuckt das falsche Aug', kaum stockt ihr Wort,
Der Unverschämtesten nenn' ich sie Eine —
Allein — sie hat Routine und Schliff, die Kleine!
Sie weiß so teilnahmsvoll dich auszufragen,
So freundschaftlich das Widrigste zu sagen,

Sie setzt die Perfidie dir in Musik,
Und giebt den Text dazu mit Wort und Blick,
Und je gemeiner dich ihr Mund zerrissen
Um desto herzlicher wird er dich küssen!

Inzwischen hat die Hausfrau sich gesammelt,
Und halb verlegen ihren Gruß gestammelt.

Und nun — hebt an! Abwesend sind noch Viele,
Für Spott und Lüge hochwillkommene Ziele;
Ich werd' Euch lauschen, weil ich lauschen muß,
Wie ich empfangen Euren Judaskuß;
Nicht staunen, geht es über den und jene,
Nicht lachen, ändert plötzlich sich die Scene
Und tritt ein Vielgelästerter herein —
Und Wunder nehmen soll mich nur allein:
Daß diese lachen kann, der noch erröten,
Und jene gar in ihren Seelennöten
Die Beichtstühle der halben Stadt bedräu'n,
Um weitermedisierend zu bereu'n,
Und daß, wenn endlich die Handschuhe fallen,
Ich Finger sehe, statt der Bestienkrallen!

Mönchsberg-Phantasie.

(Salzburg.)

—•—

1.

Dem Leben sinn' ich nach ... da unten wimmelt's
Zu meinen Füßen, laut, gestaltungsreich;
Von seinen Stimmen schwirrt die Luft, die Glocken
Verkünden seinen Gang und seine Zeit.
Und Lieb' und Haß, der Säugling und der Tote,
Des Glückes Gleichmaß, und des Schmerzes Krampf,
Zurückgedrängt von bleichen, stolzen Lippen,
Begegnen gleichgültig sich im Gewühl.
Ich schau's und denk's nicht nur — es ist dies Alles!
In wirren Linien flutet es dahin,
So sinnlos=schemenhaft, so bang getrieben
Von einer fremden, fürchterlichen Kraft,
Die hinter all' dem schweigend scheint zu lauern,
Und Jedes Geh'n und Zeit und Kommen weiß ...

Gelächter wirbelt auf, und bis zur Höh'
Des Berges macht die Lüfte es erklingen.
Auf Krücken hinkt ein Bettler weiter dort;
Mit schrillem Pfiff und majestätischem
Gebrause jagt das Dampfroß in die Ferne,
Und mit ihm — weiß ich's? — wie viel Lust und Qual
Und Einsamkeit?
                    Alltäglich ist's und scheint es
Den anderen. Warum macht es mein Herz
Erschauern, von Gedanken schwer die Seele,

Und sehend, fieberheiß den Blick? Sie lachen,
Und leben ja da unten, und sind froh,
Und trät' mit ernster Frag' ich jetzt an sie
Heran, sie staunten fremd und gingen weiter.
Vielleicht auch trägt sich leichter ihre Not,
Weil jedes sich nur denkt und lebt, und hinter
Den Dingen keinen Sinn sucht, wie die Thörin,
Die hier um fremde Masken müd' sich quält . . . .

2.

Emporkeucht, über seinen Stab gebeugt
Ein Greis, und läßt sich nieder; und sein Auge,
Das halb erlosch'ne, leuchtet seltsam auf.
's ist seine Jugend, die er wiederfindet
Und grüßt mit diesem Blicke auf die Stadt,
Die silbern uns zu Füßen liegt, im Schmucke
Des Grüns und blauer Riesengipfel Hut.
Was er geliebt, ist längst vielleicht des Tob's schon,
Doch liebt er's immer noch, mit diesem Blick,
Der alter Sonnentage Widerschein
Heraufbeschwört und nach den schlichten Klängen
Des Glockenspiel's, vom Westwind hergeweht,
Hinüberlauscht in keuscher, tiefer Rührung.
Mit seinem Stock nun wühlt Figuren er
Und Kreise in den Sand, und lächelt weiter.
Vielleicht auch träumt er. 's ist ein Leben, das
Sich selber überlebt, und wie durch Wolken
Nun ferner Tage Kämpfe überschaut,
Von Stimmen, die nur er hört, sanft umflüstert
Und eingelullt ... des Rätsels Ende!
                                        Über
Das tiefgebeugte, weiße Haupt hinweg
Nimmt keck ein junger Fink den Flug ins Leben.

8.

Die Lilien blüh'n im Klostergarten unten
So schlank, so weiß — vom Mittagskuß der Sonne
Und keuschen Glockenrufen wachgeküßt.
Und Hand an Hand sich haltend, zieht an ihnen
Vorüber, laut, von Kindern eine Schar.
Blondköpfchen sind es, Mädchen, die der Schule
Entronnen, nun im Garten sich ergeh'n.
Mit Vogelstimmen zwitschern sie; dazwischen
Lacht überlaut und fröhlich eines auf.
Zuletzt, von ihrem dunklen Schleier keusch
Das bleiche Angesicht umflattert, schreitet
Die junge Nonne hinter ihnen her.
Das Kreuz des Rosenkranzes, der am Gürtel
Ihr hängt, blitzt auf und ihre Finger gleiten
Darüber hin, spielend, gedankenlos.

Mit einem Blick des Neid's folgt sie den Kleinen —
Der Welt, dem Leben vielleicht gilt der Blick,
Und diesem kecken, hoffnungsfrohen Lachen,
Das laut die Lüfte um sie macht und hell,
Und einem Lenz erklingt, dem in der Ferne
Des Lebens Goldfrucht reift —

                            indes ihr Tag
Um Tag der eig'nen Jugend ungenossen
Erblüht und welkt — in Einsamkeit verduftend,
So keusch und lautlos wie die Lilien dort!

4.

Wer wohl das beſſ're Teil erwählt von ihnen,
Die Nonne, oder er, der Alte hier?
Entſagung und Genuß — geht zwiſchen beiden
Das Leben doch den ew'gen Rätſelgang,
Und abſeits liegt der Friede, denn die Sehnſucht
Macht beider Träume heiß ... wer wüßt' es nicht?
Und laut're Seelen ringen, wild're Herzen
Verglüh'n im weihrauch-kühlen Dämmerſchatten
Der Kirchen oft. Denn niemals ruht der Kampf,
Der alles Leben ſeinem Ende zutreibt,
Und die Geſtalt nur wechſelt, nie ſein Ziel!
Was hilft dem Frommen ſeine Flucht, dem Tapfern
Sein Mut? Sie beide werden ſtumpf und müd',
Und gleich bleibt ihre Laſt, ob ſie ſie haſſen,
Ob lieben. Über Beide geht der Tod,
Und löſcht den Traum aus, dem wir hier verbluten ...

5.

Der reiche Glanz thut meinen Augen weh.
Wie trunken ruht in seinem Bann das Leben,
Und schaut sich blind daran. Mein Aug' bleibt wach,
Und bang mein Herz. 's giebt Tage, wo mir Schminke
Dies alles scheint — unsel'ge Tage, öde,
Todtraurige . . . wie hinter Masken grinsen
Die Dinge dann mir zu, und Totes wird
Lebendig, daß es rede . . . eine Sprache,
Die von verhaltenen Angstrufen bebt,
Und keine Thränen hat, trotz ihres Jammers,
Kein weiches Wort, kein herzerlösendes.
Nur was an Grau'n mir in der Seele ruht,
Befreit sie, und die dunkelsten der Träume,
Die ich geträumt, holt sie aus ihrem Grab.

Dann starren Fratzen aus den Felsen, mit
Dämonischem Grinsen eines Opfers harrend,
Das einmal hier die Tiefe suchen wird,
Wie der und jener schon . . . sie können warten,
Des Schreck's versteinte Karyatiden — und
Sie warten, mit dem fürchterlichen Lächeln,
Das jenem Augenblick gehört, da ihnen
Mit seinem Blut ein Thor des Lebens Wahnsinn
Und Qual gesteht . . .
     Von himmelstrebenden,
Gewalt'gen Fichten kenn' ich einen Gang —
Kein Sonnenblick erhellt ihn, bis zur Erde
Hernieder fällt der Zweige schwarzes Grün.
Wie lärmt und schwatzt die Menge hier tagsüber!

Mich faßt ein Grauen an, wenn ich ihn seh';
Denn mehr weiß ich von ihm: in einem Traum
Voll Schwermut hab' ich ihn zuerst gesehen,
Und weiß, daß hier ein Fürchterliches einst
Geschehen, oder erst geschehen wird,
Gleichviel — und daß zur Nachtzeit hier der Tod sich
Ergeht, mit lauernder Schlürfschritten, und
Dem Lächeln eines Mann's, der seiner Sache
Gewiß. Wie meinesgleichen trat er mir
Entgegen damals — nur daß plötzlich ihm
Das Fleisch vom Antlitz glitt, und zur Grimasse
Des Hohns sein Lächeln ward.
                                     Zu Boden muß
Den Blick seitdem ich schlagen, taucht ein Antlitz
Vor mir hier plötzlich auf — ich weiß ja nicht . . .

6.

Doch kenn' ich eine Lust, die vor dem Tod nicht
Erzittert, wie sie nicht des Lebens ist:
Mit wachem Blick und unbewegtem Herzen
Zu steh'n im Wirbel beider — kalt und still;
Herniederseh'n aus menschenferner Höh'
Wie hier, dem Glücke nicht dahingegeben,
Noch einem Schmerz, und beiden nahe doch
Wie einem Bild, deß' Schauplatz nur im Geist man
Betritt. Die Fernen liegen klar und groß,
Das Nahe wird verständlich, zum Genusse,
Was Handlung dort, und Qual und Leben ist.
Im Wechselspiel von Licht und Schatten formen
Die Dinge sich, und was dran Thorheit, Lust,
Geschick und Schmerz, und gut und bös' und häßlich
Und schön — nicht mehr, als Licht und Schatten scheint's,
Jäh wechselnd, kommend — schwindend, wie im Traum.

Das heißt den Feind versteh'n, wenn nicht besiegen!
Und also grüß' ich dich auch, ruh'nde Stadt
Im Sonnenglanz da unten, die im Zeichen
Des Kreuzes du zu solchem Reiz gedieh'n;
Ein Schoßkind der Natur, die endlos spielend
Gebiert und tötet, formt und rätselt, und
Mit großen, unbewegten Sonnenaugen
Hervorlauscht hinter Tod und Leben.
                                            Lieben
Nicht kann ich sie, doch senk' ich ihr mein Schwert!

Ich.

1.

Unheimlich bin ich — und die Liebe schreckt,
Wohl fühl' ich es — ein Wesen, wie das meine,
Darin Sarkasmus jed' Empfinden neckt,
Und von verdorrten Blumen überdeckt
Ein Abgrund gähnt, bei fahlem Irrlichtscheine.

Unheimlich bin ich, — und erbebend weicht
Vor mir zurück, wer sich am Wahn berauschen
Und letzen will ... nicht bin ich klar und seicht,
Weß' Auge meiner Seele Grund erreicht,
Dem graut es, fürder noch hinabzulauschen:

Denn nackte Wahrheit blickt den Trug dort an,
Und löst als höhn'sche Sphynx des Lebens Fragen.
Weil meine Bitterkeit Euch weh gethan,
Weil ich ein Gift besitz' für Euren Wahn,
Deshalb, Bethörte, wollt Ihr nach mir schlagen?

Drängt' ich mich je in Eure Feste ein?
Verachtend kehrt' ich ihnen früh den Rücken.
Nicht Ihr habt mich davon verbannt — o nein,
Ich trug die Wonnen einer großen Pein,
Was gab's bei Euch, als Flitter zu zerpflücken?

Unheimlich bin ich — ohne Scheu und Zier
Erkannt' ich früh mich schon von Euch verschieden
Und floh Euch — aber mutig sag' ich's hier,
Trotz allem fühlt' ich reiner mich als Ihr —
Und darum, darum hab' ich Euch gemieden!

2.

In Eure Schranken soll ich brav mich fügen,
Mich finden zahm in Eure stumpfen Lügen,
Mit diesem Herzen, diesem Blut,
Das, Beute seiner eig'nen Glut,
Nur Eines nicht gelernt: betrügen?!
Mit dieser Sehnsucht, die, was ihr gefällt,
An sich reißt, wild, zum Trotze einer Welt,
Und Eines nur nicht kennt, das Wort: Genügen?!

Sucht andre Euch, die matt'rem Blut entsprossen,
Wie Ihr, der Lüg' und Sklaverei Genossen,
Gebändigte, die kettensiech
Hinschleppen ein zertret'nes Ich,
Das Brauch und Sitte krummgeschlossen
Zum Bagnodienst des Lebens! Die zu schwach,
Zu sprengen des ererbten Joches Schmach,
Und selbst zum Trotz zu müde und verdrossen!

Ich lieb' den Kampf! Ich lieb', was ich gelitten,
Und was geendet unter meinen Tritten,
Was ohne Reu' und falsche Scham
Mit unerschrock'ner Hand ich nahm,
Der Beute froh, die ich erstritten!
Allein in Wonnen, einsam in Gefahr,
Mir selbst Gesetz und Richter immerdar,
Und frei, weil fern dem Elend Eurer Sitten!

Des Volkes Kind, das einst die Siebenhügel
Beherrscht im Zeichen gold'ner Adlerflügel,
Und seine Ferse ins Genick gestellt
Den wahlgebor'nen Knechten dieser Welt;
Und jenes Stammes Sproß, der ohne Zügel
Durchschweift die braune Wüste, hoch zu Roß,
Der Löwe und der Panther sein Genoß,
Und seiner Eile Maß des Sturmes Flügel!

Araber, Gallier, Römer und Barbaren,
Und der Normannen sturmgebräunte Scharen,
Der Trotz des Nordens und des Südens Glut
Begegnen brünstig sich in meinem Blut,
Und Ahnen nenn' ich sie, die Herrscher waren,
Und schnellt ihr Kind auch nur des Liedes Pfeil,
Er trifft und klingt und bringt mir Ruhm und Heil,
Und ihren Kranz trag' ich in meinen Haaren!

Fahr' wohl!

— • —

Die alten Wunden brechen auf,
Umsonst der Liebe Müh'n!
Wie könnt' in gramzerpflügter Brust
Ihr Frühling wieder blüh'n?

Was nahst Du mit dem alten Scherz,
Den alten Gluten mir?
Vergiftet hat dies treue Herz
Ein häßlich Wort von Dir.

Ein schnödes Wort, das kalt und roh
In meine Seele drang,
Und dort zerstört, was lenzesfroh
Nach Licht und Leben rang;

Zerstört, was kindlich fromm in mir
An Dich allein geglaubt, —
Nun zuckt der Fluch der That nach Dir,
Dich selbst hast Du beraubt!

Dich selbst erniedrigt und geschmäht,
Dich selbst so arg verkleint,
Daß klaglos nun die Liebe geht,
Und nur die Reue weint.

Wohl lag ich einst im Staub vor Dir,
Berauscht von süßem Wahn,
Ha — schamrot wird das Antlitz mir,
Denkt nun das Herz daran.

Kein Götze hat mich knic'n gesehn,
Kein Gott mich fleh'n gehört,
Wähnst Du, weil es vor Dir gescheh'n,
Mich klein und schmachbethört?

In jener Stunde war ich Weib;
Nun loht aufs Neu' die Glut
Des Genius durch meinen Leib,
Und stählt mir Sinn und Mut.

Was Du gering an Wert geschätzt,
Weil es sich ganz Dir gab,
Es wird Dir unerreichbar jetzt
Und fremd sein bis ans Grab . . . .

Fahr' wohl — trifft dieses Wortes Strahl
Dich auch mit herber Pein:
Du wolltest es — mein war die Qual,
Sei nun die Reue Dein!

Schicksal.

—•—

Könnt' ich Dich aus meinem Leben streichen,
Wie man Ziffern vom Papiere wischt:
Ihre krausen Linien erbleichen,
Zug um Zug und Spur um Spur erlischt —

Viel gäb' ich darum: mein halbes Leben,
Und noch mehr gäb' leichten Mut's ich hin,
Denn mit frischem, ungebroch'nem Streben
Jauchzt das Herz ein anderes: „Ich bin!"

Aber ach, mit blut'gen Flammenlettern
Ward Dein Name in mein Herz gebrannt,
Noch genügt's, mich jählings hinzuschmettern,
Wird er leise nur vor mir genannt!

Also grünt, wenn sie der Blitz getroffen,
Wohl auch eine Tanne langsam fort,
Doch an einer Stelle ist sie offen
Für den Tod und heimlich wühlt er dort . . . .

Ahnt und sieht auch niemand meine Wunde,
Fühl' doch ich oft qualvoll ihren Sitz,
Und das sichre Nahen jener Stunde,
Die mich treffen wird — als letzter Blitz!

Chopin.

—◦—

Traumschwerer Dämm'rungszauber du,
Klanggeword'ne Thräne, Musik Chopins ....

Tief hängt,
Und schwer der Himmel,
Der bleigraue Herbsthimmel über der Stadt.
Seine ersten Thränen weint er:
Tropfen, die hart der Sturm
Ans Fenster mir wirft, daß sie
Anpochen in melancholisch=stetem Takt ....

Und Sturm und fallende Tropfen,
Verwandte mengen sie sich
Ins dämonische Gejauchz',
Ins schwermutvolle Geriesel
Der Töne, die unter meiner Hand
Lebendig werden, und aufbrausend bald,
Aufschluchzend bald deine ewige Frage stellen
O Menschenherz —
                    O'bs besser:
Prometheïschen Trotz in der Seele,
Dionysische Gier im Herzen,
Die Himmel zu stürmen;
Dahinzurasen
Klaglos, reulos
Im Taumel der Leidenschaft,
Die mit Bacchantenfüßen
Den Schmerz zerstampft und hinwegrauscht,

Ein freier, göttlicher Sturm
Über der Menschheit herbstliche Ohnmacht —

Oder

Ob's besser nicht: reu'voll aufschluchzend,
Mit entsagungstammelndem Mund
Zu knie'n vor deinem Altar,
O Gott des Schmerzes;
Durch blauen Weihrauchduft
Des Himmels Glorie zu seh'n,
Und dahinzugleiten, wie
Auf Wolken, schwindellos,
Weil geschloss'nen Aug's auf sammt'ner Woge des Glaubens:
Verhüllt ruh'n unter uns
Die lockenden Tiefen, in uns
Der eig'nen Seele Wirrsale; hinschmilzt
In Liebe der Trotz, in Thränen die Sehnsucht, und
Blickt aufwärts das Aug', wird ihm ein Wunder zu Teil:
Entgegenstreckt
Vom sternenbesä'ten Himmel
Vergöttlichter Einfalt Bild uns weich die Hand,
Und uns're Schuld zertritt
Der schmale, lilienduftige Fuß der Madonna!

Im Traum.

Im Traum oft nahen mir die alten Zeiten,
Dann schwindet all' mein Sehnen, all' mein Bangen,
Von Deinen Armen liebevoll umfangen,
Seh' ich wie eh'mals durch den Wald mich schreiten.

Die stämm'gen Eichen rauschen auf und breiten
Ihr Laubdach über uns mit grünem Prangen,
Die wilden Rosen selbst mit glüh'nden Wangen
Steh'n duftend noch am Waldweg wie vor Zeiten.

Die kleine Nachtigall singt noch im Flieder,
Das wogt so liebestrunken auf und nieder,
Das schallt so wonnig durch die grünen Weiten.

Es klingt so süß, die Herzen zu berücken —
Wir bleiben steh'n und lauschen mit Entzücken,
Und wissen uns das traute Lied zu deuten.

Friedlos.

—•—

Am Strande saß ich einsam,
Es lag das weite Meer
Zur mitternächt'gen Stunde
Vor mir so still und hehr.

Der gold'ne Mond sah nieder
Aus unbegrenzter Fern',
Und glänzend ihm zur Seite
So mancher schöne Stern.

Die Wellen zogen leise
An mir vorbei, vorbei,
Sie murmelten wie herrlich,
Wie süß der Friede sei.

Ich lauscht' der lieben Kunde,
Mein Herz schlug nicht mehr bang —
Ringsum sah ich nur Friede,
Den ich ersehnt so lang';

Ringsum sah ich nur Ruhe
Und stilles Frühlingsglück,
Mir war's, als spräch' ein Ahnen,
Dein Friede kehrt zurück!

Da plötzlich deckten Wolken
Den Mond so unheilschwer,
Ein kalter Sturm fuhr brausend
Hin über Land und Meer.

Die Wellen rauschten schäumend
Zu mir empor, empor,
Und aus den Wassern starrte
Ein Antlitz bleich hervor.

Es starrte wie die Rache
Durch Nacht und Wellenschaum,
Ich kannte diese Züge
Im Leben und im Traum!

Da faßte mich Entsetzen —
Ohn' Frieden mußt' ich flieh'n,
Ohn' Frieden werd' durchs Leben
Bis an das Grab ich zieh'n . . .

Vor meinem Fenster . . .

—•—

Vor meinem Fenster schwanken
Chpreß' und Trauerweid' —
So schwarz wie meine Gedanken,
So zitternd wie mein Leid.

Viel blasse Leichensteine
Zu mir herüberseh'n —
Ich kenne sie alle, und meine
Vor Trauer zu vergeh'n!

Denn ach, des Kirchhofs Frieden,
So weit er sich auch streckt,
Und so viel Leid hinieden
Er tröstend überdeckt, —

Nicht hätt' er g'nug der Räume
Und Grüfte, dichtgeschart,
Für all' die blüh'nden Träume,
Die jählings mir erstarrt!

Scheintot.

—•—

Nun ich mein Leid zur Ruh' gebracht,
Begraben meinen Schmerz,
Nun meine Lippe wieder lacht,
Nicht taub mein Ohr dem Scherz —
Wie kommt's, daß oft in dunkler Nacht,
Wenn heimlich nur die Seele wacht,
Jäh aufstöhnt noch dies Herz?

Ich fühl' es nur, ich weiß es kaum —
's ist ein erstickter Schrei,
Der bebend auf der Lippen Saum
Schon stirbt, dann ist's vorbei;
Nicht mehr, als daß er wie im Traum
Mir sagt, daß in des Herzens Raum
Scheintot mein Weh nur sei . . .

Waldmeisterlein.

—•—

Immer und immer wieder im Lenze
Schreit' ich gesenkten Hauptes
Über die moosigen Pfade des Waldes,
Mit nimmer müden Augen dich suchend,
Liebliches Blümchen!

Ach, und da freu' ich mich herzlich,
Wenn es mir endlich gelingt,
Zwischen den üppig sprossenden Gräsern,
Versteckt gleich einem schüchternen Kinde,
Dich zu entdecken.

Zwar blühen im grünen Walde
Noch schönere Blumen,
Die, prangend in allen Farben,
Durch Glanz und äußeren Schimmer
Die Blicke der Wand'rer auf sich zieh'n —
Doch diese sind bald gefunden!

Du aber, Waldmeisterlein,
Blühst einsam nur und verborgen
Unter den schattigsten Bäumen,
Und wahrest in duftigen Kelchen
Den heiligen Frieden des Waldes:
Glückselig ist, wer dich findet!

Sommer.

—•—

Nun glüht der Mohn im Felde,
Verheißend reift die Saat,
Und gold'ne Strahlennetze
Umspinnen jeden Pfad.

So hell und lichtgebadet
Bestaunt sich die Natur, —
Lebend'ge Blüten gaukeln
Die Falter durch die Flur.

Und was des Mittags Schwüle
So ahnungsvoll durchbebt,
Und in den Glanz der Nächte
Viel süße Träume webt,

Das ist ein hold Geheimnis,
Der ganzen Welt vertraut:
Des Werdens heilig Wunder,
Drin Gott sich selbst beschaut!

Ungarisches Hirtenlied.

—•—

Die grüne Heid' ist meine Braut,
Ihr habe ich mich angetraut
Beim gold'nen Sternenglanz;
Es war das weh'nde Schilf ihr Kleid,
Es war der Tau ihr Perlgeschmeid',
Der wilde Mohn ihr Kranz!

Die Heide ist ein süßes Weib,
Sie schmückt mit Blumen ihren Leib
Und nährt mit süßer Lust
Den Buhlen, der so manche Nacht
In ihrem Schoße zugebracht,
Geruht an ihrer Brust!

Die grüne Heid' ist meine Braut,
Ja, hört nur, hört, ich ruf' es laut:
Die Heid' nur lieb' ich, hei!
Ja, hört nur, hört, ich ruf' es kühn:
Die Heide nur so weit, so grün,
Die Heide nur ist frei!

O glaube nicht . . .

—•—

O glaube nicht, daß ich mich nicht mehr kränke,
O glaube nicht, daß ich Dich ganz vergessen:
Die alten Schmerzen sind's noch, die mich pressen,
Die alten Wunden, wenn ich Dein gedenke!

Wie sich mein Geist ins Schöne auch versenke,
Mein armes Herz bleibt ewig gramzerfressen,
Die Tiefe meiner Leiden unermessen,
Mein Leben dunkel, wenn ich Dein gedenke!

Hymnen im Osten.

Nachts in der Wüste.

Still ist's umher; es ruhet im weiten Kreise
Die sonnengebräunte Schar der Araber,
Der dunkeläugigen Wüstensöhne, die wacker
Durch Sand und Staub uns're Karawane geführt.

Lose und malerisch
Schlingt sich der bunte Turban um ihre Häupter, und lässig
Ruhen die Hände im Schoße; nur dann und wann
Schürt einer das halberloschene Feuer, und horcht
Gedankenvoll in die Nacht hinaus, bis müde
Die braunen Lider sich schließen und schlummertrunken
Das edle Antlitz zurücksinkt.
Nur bei den reichbelad'nen Kamelen
Wacht noch ein stämmiger Sklave und schreitet
Spähend und forschend auf und ab.

Sonst regt sich nichts.
Das flackernde Feuer wirft
Weithin über die sandige Fläche
Gespensterhafte, unheimliche Schatten, die bald
Wie mächtige Riesen sich dehnen und strecken, bald
Wie häßliche Zwerge am Boden kriechen.
Mich aber zerstreut ihr Spiel,
Denn ächzend und schlummerlos
Wälz' ich mich noch auf meinem Lager
Und denke vergangener Zeiten.
Vor meinen Augen schwebt wieder
Hold winkend wie ein strahlender Engel,

Die süße, selige Liebe,
Die einst mein Leben verschönt,
Mit all ihren süßen Träumen
Von Glück und ewiger Wonne.
Und siehe, da schlägt
Freudiger mein gequältes Herz, und mir ist
Als müßt' ich die Arme ausbreiten und rufen:
„O komme wieder an meine Brust
Geliebter meiner Seele, denn sieh',
Ich habe vergessen, ich habe vergeben!"
Vorbei, vorbei — was sollen mir diese Träume?
Hier ruh' ich ferne von meiner Heimat
Mit einem gebrochenen Herzen
Verlassen und allein, und starre
Mit thränenlosen, glühenden Augen
Hinaus in die weite Wüste, die unabsehbar
Vor meinen Blicken sich dehnt,
So dunkel, so kahl und so trostlos —
Ein Bild meines eigenen Lebens!

Fata Morgana.

O Gott welch' Wunder geschieht! Ist's Wahrheit oder Traum,
Berückt ein lieblicher Zauber meine Sinne?
Schließt sich das blaue Thor des Himmels auf,
Flutet vor mir das Meer des heiligen Lichtes,
Find' ich das verlorene Paradies?
Auf, auf, ihr Freunde und jubelt gleich mir,
Begrüßet geich mir das liebliche Wunder!
Denn seht, noch vor kurzem lag
Kahl, endlos und steinig vor uns die glühende Wüste,
Jetzt aber wiegt sich im leuchtenden Äther
Ein herrlicher Palmenhain und schwebt
Auf silbernen Wolken langsam hernieder.
Noch hängen trübe Schleier um seine Wipfel,
Und ungewisse, phantastische Schatten
Zieh'n langsam an ihm vorbei;
Doch plötzlich zerreißen die grauen Hüllen,
Und leuchtend aus seiner Mitte steigt,
So prunkvoll und schön wie einst die Alhambra,
Ein weithin glänzendes, stolzes Schloß!
Hellschimmernde Marmorsäulen
Tragen die mächtige Kuppel,
Und hundert goldene Türmchen
Funkeln im Sonnenschein.
Doch brinnen, in dämmernder Halle
Fällt plätschernd der silberne Strahl
Ins zierliche Jaspisbecken,
Und schwellende Purpurkissen
Laden zur Ruhe ein.

O laßt uns eilen, geschwind, geschwind —
Denn wonnig wär's dort im Haine zu wandeln,
Und wonniger noch im Saale zu ruh'n,
Ein Leben zu führen, halb Traum, halb Wahrheit,
Ein Leben, wie's eure Dichter besingen:
Voll Glück und Liebe, voll Freude und Lust!

So ruf' ich jubelnd und eil' dem Schlosse entgegen,
Das lockend aus der Ferne mir winkt — da plötzlich
Wird es trüb und trüber vor meinen Augen,
Weißliche Nebel umhüllen den Hain,
Die stolzen Säulen beginnen zu wanken,
Die Kuppel schwebt formlos in blauer Luft,
Und eh' ich meinen Blicken noch traue,
Versinkt der schattige Palmenhain,
Versinkt das prächtige Marmorschloß und alles,
Was mir von Glück und Wonne erzählt!
Kahl, endlos und sonnenverbrannt
Liegt wieder vor mir die Wüste,
Und schwarze, häßliche Sklaven
Belächeln meinen Wahn,
Erzählen grinsend, wie oft schon
Den weißen, nordischen Fremdling
Die Fata Morgana getäuscht.
Mir aber wird so eigen ums Herz, so weh;
Kein Lächeln hab' ich für ihre Scherze,
Nein, traurig senk' ich das glüh'nde Haupt
Und denke vergangener Zeiten . . .
O Fata Morgana, Zaub'rin der Wüste,
Zu sehr nur gleichst du unserer Liebe!
Auch sie schwebt lockend und wunderbar
Hernieder aus leuchtender Höhe,
Auch sie erfüllt uns're öde Brust
Mit süßer Hoffnung, mit himmlischen Träumen!

Und wenn sie genug die Sinne bethört,
Das Herz mit glühenden Ketten gefesselt,
Der Seele den süßen Frieden geraubt —
Dann flieht sie mit all' ihren wonnigen Träumen,
Versinkt wie ein luftiges Märchenschloß,
Und nichts bleibt zurück, als ein brechendes Herz —
So öd, so leer, so tot wie die Wüste!

Die Oase.

„Seht, Freunde, was taucht dort auf
Am Rande des Horizontes?
Was winkt uns aus blauer Ferne,
Was lächelt im Sonnenglanz?

Glück auf, Glück auf, die Oase ist's!
Sie winkt uns mit ihren blumigen Auen,
Sie winkt uns mit ihren schattigen Hainen,
Sie hat uns vom Tod erlöst!
O lasset uns jubeln und jauchzen,
Denn seht, der häßliche Dämon,
Der grinsend in steiniger Wüste
Mit Tod und Verderben gedroht, muß entflieh'n,
Denn über uns schwebt wieder
Der rosige Engel des Lebens,
Und schwingt im glänzenden Äther
Das leuchtende Banner der Hoffnung!"

So sei auch von mir gegrüßet,
Palmenumrauschte Oase,
Du steigst wie ein liebliches Eiland
Aus einer unendlichen See,
Und lächelst ruheverheißend
Dem müden Wand'rer entgegen.
Es fliehen bei deinem Anblick
Die schwarzen, häßlichen Geister,

Die v'el mir ins Ohr geflüstert
Von Gram und verlorener Liebe,
Und süßer, heiliger Friede
Zieht wieder in meine Brust.

So schwebt auch die Schönheit ewig
Aus dem wüsten Meere des Lebens,
Und winkt wie ein schimmerndes Eiland
Dem kranken Dichter zu,
Der müdegehetzt vom Weltgeist,
Nach himmlischer Ruhe schmachtend
In ihre Haine flieht.

Hinda.

O tritt doch näher heran,
Braunäugige Tochter der Wüste,
Schlanke, liebliche Hinda
Komm', ach komme zu mir!

Blick' nicht so scheu mich an, Du herrliches Mädchen,
So ängstlich, wie die flücht'ge Gazelle, nein setze
Traulich Dich nur zu meinen Füßen, und lege
Dein schönes Köpfchen in meinen Schoß;
Denn siehe, holdes Liebchen, schon lange
Wollt' ich spielen mit Deinen schimmernden Locken, schon lange
Dein kleines, niedliches Füßchen bewundern,
Das leicht nur den steinigen Boden berührend,
Schnell und behende über die Steppe eilt.
Ja, höre nur staunend zu,
Schwarzlockige Maid, Du weißt nicht,
Wie gütig Dich die Natur bedacht, Du ahnst nicht,
Wie sehr Deine Schönheit mein Herz gerührt!

Thränen der Freude könnt' ich weinen, und jubelnd
Danken der gütigen Mutter Natur,
Die selbst in steiniger Wüste
Solch' duftige Rose erblüh'n ließ!

Wie glücklich preis' ich den Jüngling,
Den liebe= und wonneverheißend
Dein feuriges Aug' einst anblickt,
Wie glücklich preis' ich den Mann,
Der einst Dich sein Eigen darf nennen.

Ja sieh', ich selbst
Könnt' stundenlang Dich bewundern, ich selbst
Könnt' jubelnd und freudig umarmen
Deinen taufrischen Leib.

Denn wo mir wahre Schönheit beim Weibe begegnet,
Da pocht mein Herz, von heiliger Glut durchdrungen,
Und süße Wonne erfüllt meine Brust;
Hinsinken könnt' ich, von ihrem Strahle getroffen,
Und knieend ihre göttlichen Formen verehren!

Schiras.

Sei mir gegrüßet, liebliches Schiras,
Du vielbesungene Heimat der Rosen,
Sei mir gegrüßet!

O wie so herrlich
Zeigst du dich jetzt meinen trunkenen Blicken!
Jetzt, da die scheidende Sonne den blauen Himmel
Mit schimmerndem Golde bekleidet, und du
Freundlich winkend allmählich emporsteigst
Aus einem weithin glänzenden,
Lichtumflossenen Rosenmeere!

O wie dieses glänzende Rosenmeer,
Vom schmeichelnden Zephyr durchfächelt,
Auf= und niederwogend,
Entzückende Düfte spendet!
O wie diese entzückenden Düfte
So traumschwer allmählich mein Herz umweben,
O wie sie allmählich,
Phantastische Märchen flüsternd,
Meine Sinne berücken!

Doch nur mit süßem Bangen und heiliger Freude
Nah' ich dir, liebliches Städtchen, denn mir ist,
Als säh' ich deinen hohen, herrlichen Sänger
Wie ehmals durch die rosigen Haine wandeln,
Als hört' ich deinen göttlichen Hafis wie eh'mals
Begeistert das Lied der kleinen Nachtigall preisen.

O stört mir nicht meine Träume, sagt mir nicht,
Daß längst schon tot der Freund der prangenden Rosen,
Und daß am Grab' des feurigen Sängers der Liebe
Schon manches Jahrhundert still vorüberzog. — Ich sage euch:
So lange die Rosen blühen und duften,
So lange die Nachtigall jubelt und singt,
So lange lebt Hafis!

Haſchiſch.

Im fernen Weſten ſteht,
Ein funkenſprühender Ball, die Sonne,
Und blickt wie eine ſtrahlende Fürſtin
Noch einmal über Land und Meer;
Dann aber nimmt ſie vom ſtolzen Haupte
Das weithin leuchtende Diadem,
Verläßt den himmliſchen Thron und hüllt ſich müde
In goldumränderte Purpurwolken ein.

Jetzt atmet alles erleichtert auf; denn ach,
Zu ſtreng und unerbittlich
Führte der heiße Tag ſein Regiment! Nun aber
Zieht ſeine milde Schweſter heran, die Nacht,
Benetzt mit Tau die ſonnenverbrannten Matten,
Und fächelt allen Weſen
Erquickende Kühlung zu. Allmählich
Wird es laut und lauter. In allen Straßen
Beginnt es ſich zu regen, und überall
Entfaltet ſich ein buntes, fröhliches Leben:
Hier eilt eine liebliche Kinderſchar
Laut jubelnd dem greiſen Märchenerzähler entgegen,
Der lächelnd in ihre Mitte ſich ſetzt, und ihnen
Zum hundertſten Mal von Roſtem und Suhrab erzählt;
Dort wieder preiſt ein dunkeläugiger Derwiſch
Mit hohler Stimme die heil'gen Dinge an,
Die er nach langer, beſchwerlicher Wand'rung
Aus Mekka, der Stadt des Propheten, bringt.
Im Haine aber wimmelt's bereits
Von reichen, blumenbekränzten Sänften,
Aus denen hie und da, wie abſichtslos,
Das reizende Antlitz einer Schönen leuchtet,

Die schelmisch, wenn auch nur für einen Moment,
Den lästigen Schleier hebt, und wonneverheißend
Den feurigen Jüngling anblickt, oder ihm
Mit rascher Bewegung der Hand ein Röslein zuwirft.

So ganz und gar nach dem Wunsch des Propheten
Ist freilich ein solches Betragen nicht; allein
Der Lenz ist da mit dem schönen Feste der Rosen,
Und das junge Volk will leben und lieben. — Bei Gott,
Und so flißt' leider auch ich! Denn unruhvoll
Pocht mein armes Herz, meine Augen glühen,
Und keine Ruhe, kein holder Schlummer naht
Erquickend meinem prächtigen Lager.
Ach ja, mir ahnt, auf meinem Kissen sitzt wieder
Ein leichtbeschwingter Kobold, die Phantasie,
Winkt leise mit den rosigen Händchen und flüstert
Von Lieb' und Lust gar viel mir ins Ohr.
Ich aber will ihr entflieh'n; denn schon zu oft
Hat sie durch ihre lieblichen. Gaukeleien
Mein arglos vertrauendes Herz getäuscht!
So ruf ich seufzend aus, und eile geschwind
Hinab in den duftdurchwogten, blühenden Garten.
Vielleicht, so denk' ich bei mir,
Wohnt dort, im zierlichen Kiosk, die wonnige Ruhe,
Der süße Schlummer, den du so lange suchst.
Rasch tret' ich also ein und sinke erleichtert
Aufs schwellende Lager hin mit dem festen Entschluß,
Durch deine Hilfe, göttliche Mathematik,
Die bösen Geister der schlaflosen Nacht zu bannen.
Schon will ich die Augen schließen, da fällt mein Blick
Urplötzlich auf ein zierlichgeformtes Fläschchen,
Darin eine schimmernde Flüssigkeit wogt. Neugierig
Spring' ich alsbald vom Lager auf und versuche
Das seltsame Fläschchen zu öffnen. Und sieh', es gelingt.

Bedächtig, wie's Frauenart,
Halt ich's erst ferne von mir; dann aber
Neig' ich mich langsam hinab — o Schrecken!
Ihr großen Götter, ist's möglich? Seh' ich recht?
Glänzt wirklich in meiner Hand das gefährliche Haschisch?
Haschisch! Bei Gott, ich zitt're, wenn ich bedenke,
Daß hier in diesem kleinen, zierlichen Fläschchen
Die ganze, süße Traumsaat des Ostens ruht,
Daß hier in diesen silberglänzenden Tropfen
Der Geist einer sinneberückenden Liebe wohnt,
Und daß ein tückischer Kobold, schlau berechnend,
Gerade mich in diese Nähe geführt!

O schließt euch, schließt euch, ihr allzulüsternen Augen!
So ruft es mahnend in meiner tiefsten Brust,
Und unwillkürlich stell' ich das Fläschchen zur Seite.
Doch nur zu bald verstummt die warnende Stimme,
Und wieder blick' ich, von stiller Sehnsucht erfaßt,
In jene lust- und wonneverheißenden Fluten.
Ach könntest Du mich jetzt seh'n, mein nordischer Freund,
Du Philosoph des freien menschlichen Willens,
Was würdest Du wohl sagen? Mir ahnt, nichts Gutes!
Und bei den Göttern, das muß ich selber gesteh'n,
So schwach, so thöricht war ich noch nie! Allein,
Hab' ich nicht wacker gekämpft, nicht mutig gerungen?
Hab' ich nicht stets getrachtet, den Geist zu bezähmen,
Der lustbegehrend in meine Seele sich schlich?
„Ja freilich,“ hör' ich Dich schelten, „freilich,
Stets weiß ein junger Poet durch klingende Phrasen
Sich frei zu sprechen von jeder schlechten That,
Von jeder noch so unmoralischen Handlung!“
Schlecht! Unmoralisch! O Gott,
Mir wird so schwül zu Mut — ist nirgends ein Ausweg?
Laut stöhn' ich auf und blicke wie hilfesuchend

Hinaus in den blütenprangenden Hain.
Doch ach, ich kann nicht entflieh'n, denn viel zu müde,
Zu bleischwer sind meine Füße, und allzu lieblich
Winkt der glänzende Zaubertrank des Ostens!
So steh' ich verzweifelnd da und lausche bang,
Ob niemand naht, das gefährliche Fläschchen zu holen.
Doch nein; nichts regt sich umher; nur süße Düfte
Entsteigen sinneberückend dem Rosenhain
Und flüstern leise, leise von Lust und Liebe.
Im Flieder aber schmettert die Nachtigall,
Und weh', nur zu verständlich sind ihre Worte —
O trinke! Trinke! Trinke, ruft sie mir zu.
Ja trinke, ruf' ich selbst, du kannst nicht anders!

Da schwinden plötzlich meine Sinne und machtlos
Sink' ich aufs schwellende Lager; doch ich fühle
Das unheilvolle Fläschchen in meiner Hand ...
O Gott, was seh' ich, welches Wunder geschieht?
Welch' strahlender Jüngling schwebt hernieder
Und neigt sich flüsternd zu mir? Ein silberner Schleier
Fällt lose nur um seine Gestalt und läßt
Verführerisch die herrlichen Glieder schimmern,
Indes von glänzenden Locken eine Flut
Tief in den bräunlichen Nacken fällt, und duftig
Der feurige Mohnkranz um sein Haupt sich schlingt.

„Komm, gieb mir Deine Hand!" So flüstert er leise
Und blickt dabei mit den großen, dunklen Augen
So schwärmerisch, so müde mich an, daß ich
Fast willenlos ihm gehorche und leise seufzend
Mein glühendes Haupt an seine Schulter lehn'.
Doch er entfaltet seine mächtigen Schwingen,
Drückt' leis' mich an seine wogende Brust und schwebt
Hinauf mit mir in goldig glänzende Höhen.

Bang schließ' ich meine Augen, denn unter uns
Verschwinden mehr und mehr die lachenden Auen,
Die blinkenden Marmorpaläste und
Die kuppelgekrönten, stolzen Moscheen. Es liegen
Tief unter mir die höchsten Gebirge der Welt
Wie unscheinbare Hügel, und alle Meere
Erscheinen mir wie kleine, niedliche Seen,
Bis endlich alle verschwinden und unsre Erde
Als unscheinbares Pünktchen im Weltraum glänzt.
Jetzt blick' ich staunend den holden Genius an,
Der leuchtend an meiner Seite schwebt und träumend
Hinauf zum lieblich glänzenden Halbmond blickt.
„Wer bist Du, strahlender Jüngling," frag' ich leise,
„Wer gab Dir diese überirb'sche Gewalt?
Wer gab Dir diese stolzen Schwingen und lehrte
Gedankenschnell Dich die Kunst des himmlischen Flug's?"

„Ei," lautet seine Antwort, „ist es denn möglich,
Daß Du, eine junge Poetin, mich nicht mehr kennst?
Wie, oder hast Du so schnell die Stunden vergessen,
Da selig Du in meinen Armen geruht,
Da ich Dein Antlitz bedeckt mit feurigen Küssen,
Dein Herz mit himmlischer Liebeslust erfüllt?
O sag' mir dieses nicht mehr, sinnendes Mädchen,
Denn allzu gut nur kennst Du den Gott des Traum's!"
So spricht er, drückt mich leis' an seine Brust,
Und weiter geht's hinauf in schimmernde Höhen.
Schon sind wir in deiner Nähe, freundlicher Mond,
Und wunderbar, ganz anders erscheinst du mir jetzt
Als sonst von ragender Warte aus betrachtet
Und wissenschaftlich beschrieben in manchem Buch!
Haha, du bist ja nur eine kleine Gondel,
Die schimmernd durch den unendlichen Weltraum zieht,
Und alle schwärmerischen, verliebten Poeten

Ins schöne Reich der göttlichen Träume führt!
Und sieh', schon schwebt das kleine zierliche Schifflein
Ganz nahe zu uns heran, und der holde Jüngling
Hebt mich lächelnd hinein. O welche Wonne
Erfüllt jetzt meine Seele! Denn überall
Erblick' ich kleine, rosenbekränzte Engel,
Die jauchzend durch die schmeichelnden Lüfte zieh'n;
Die Sterne auch beginnen alle zu klingen,
Und in die himmlischen Töne der Sphärenmusik
Mischt wonneverheißend sich die Rede des Jünglings:

„Komm," spricht er leise, „o komm' in mein herrliches Reich,
Denn lange hab' ich Dich schon zum Liebchen erkoren.
An Deiner Wiege schwebt' ich ja, liebliche Maid,
Und wenn Du später als Kind, mit glühenden Wangen,
Mit klopfendem Herzen Dich in die Märchen vertiefst,
Und alle frohen Spiele der Jugend vergessend,
Glückselig nur in meinem Reiche geschwelgt,
Dann stand ich lächelnd an Deiner Seite und legte
Wie segnend meine Hand auf Dein kleines Haupt.
Doch pfeilschnell flogen die Jahre; die glühendste Liebe
Faßte gewaltig Dein Herz, und Du dachtest nur selten,
Nur wenig an den treuen Gefährten der Kindheit,
Denn and're Träume durchwogten Deine Brust.
Und wenn sie Dir auch süßer deuchten, o Mädchen,
Zu bald nur sahst Du treulos alle entflieh'n,
Und nichts blieb Deinem Herzen als bitt'res Leid.
Da trat ich wieder zu Dir, und küßte leise,
Ganz leise nur Dein thränendes Aug' und sieh',
Es schloß sich auf und schwelgte im heil'gen Lichte,
Und wußte, daß es nur eine Liebe gebe,
Die dauernd jedes sehnende Herz erfüllt,
Die Liebe zu der reinen, himmlischen Schönheit!
Die Schönheit aber ist nicht von die'er Welt;

Und erst wenn ich Deine Stirne geküßt, o Sänger,
Und liebend Dich dem freudlosen Leben entrückt,
Erst dann zeigt sich die Strahlende Deinen Blicken,
So hehr und einzig wie sie im Himmel wohnt!
O zieh' deshalb mit mir ins sel'ge Eden,
Vergiß den Schmerz, die Qualen der düstern Welt,
Dann wird das Licht der Schönheit ewig Dir leuchten,
Dann blüht der himmlische Friede in Deiner Brust!"

Jetzt schweigt er, doch ich fühle, wie süße Wonne
Mein ganzes Sein durchbebt, und himmlische Lust
Mein pochendes Herz erfüllt — und sieh', da plötzlich
Schließt sich das Thor des Himmels auf und es flutet
In gold'nen Wogen um mich das heilige Licht.
Ich hör' den Baum des ewigen Lebens rauschen,
Und seh' viel tausend Geister, die freudig verklärt
Hinauf zu einem herrlichen Weibe blicken,
Das wunderbar auf rosigen Wolken thront.
„Komm mit," winkt der lockende Genius
„Und ruhe selig am Busen der holden Göttin,
Die strahlend sich nur dem begeisterten Dichter zeigt."
Und wie er spricht, blick' ich tief in die Augen der Göttin,
Und sinke ganz zerflossen in Lieb' und Wonne
An ihre wogende Brust ...   Doch horch,
Da ist's, als ob ein gewaltiger Donnerschlag
Die glänzenden Festen des schönen Himmels erschüttern,
Als ob die krystall'nen Wände sich dehnen und langsam
Der blumenbestreute Boden sich senken würde.
Die Göttin verschwindet und dunkle Schatten
Zieh'n langsam an mir vorbei; ein brausender Sturm
Erfaßt mich plötzlich und schleudert mich tief hinab;
Ich schreie verzweifelt auf und find' mich, o Wunder —
Auf meinem Lager im kleinen, zierlichen Kiosk.
Kühl fächeln um mich die Lüfte, die Blumen duften,
Und hold im Osten glänzt das heilige Frührot..

6*

Doch ach, nicht gar so freudig spring' ich vom Lager,
Denn noch gedenk ich jenes schrecklichen Fläschchens,
Das mich mit seiner zaub'rischen Flut berückt.
Scheu blick' ich darnach — und sieh', da liegt es vor mir
Am Boden, und sein ganzer, bethörender Inhalt
Benetzt den gelblichen Marmor ..

                  „Den Göttern sei Dank,"
So ruf' ich jetzt freudig aus, „ich hab' nicht getrunken,
Ich hab' nicht gesündigt, o nein,
Ich hab' nur geträumt!"

Gen Westen ...

Gen Westen sinkt der Tag; im Friedhof drüben
Schlägt träum'risch-leise eine Amsel an, —
Das alte Lied von neuem Blüh'n und Lieben,
Der ewig-junge Frühlingswahn!

Im Abendwinde schaukeln die Cypressen,
Und plötzlich fühl' ich's geisterhaft mir nah' —
Wie konnt' ich doch nur jemals Dein vergessen?
Die alte Lieb' ist wieder da!

So geht die Sage, daß in Wunderstunden
Verscholl'ne Städte tauchen aus dem Meer —
Ein Schrei der Sehnsucht — und sie sind verschwunden,
Und wieder rauscht die Flut darüber her ...

Erkenntniß.

— • —

Ich wußte, daß der Glaube weicht,
Hab's an mir selbst erfahren;
Daß mancher Sonnenstrahl erbleicht,
Den Glück und Lust gebaren;

Daß diese Welt ein öder Raum,
Der für den Tod gebäret,
Und unser Sein ein Fiebertraum,
Der Hirn und Mark verzehret.

Nur Eins hielt ich für wahr und groß
Im irdischen Getriebe,
Nur Eins für ewig wandellos:
Dein Herz mit seiner Liebe!

Und nun ... o Thörin, die ich war,
Dies Traumbild anzubeten,
Nun sieht mein Auge plötzlich klar,
Und sieht sein Glück zertreten.

Von einem Augenblick zerstört,
Was ein Moment geboren,
Und was mich einst so süß bethört,
Für immerdar verloren!

Nein, sag' mir auch kein Trosteswort,
Ich muß es eben leiden:
Der Traum ist aus, die Liebe fort,
Drum laß uns ruhig scheiden!

Mein namenloser Jammer starrt
Wie vor aus blut'gen Lettern,
Und mein gestürzter Himmel kann
Nicht mehr, als mich zerschmettern!

Träumerchen.

—•—

Sie war ein loses Flatterkind,
Ein Kobold, wild und eigen,
Bald launisch wie der Frühlingswind,
Bald sanft wie Herbstesschweigen;
Der frohen Jugend wenig lieb,
Dem Alter zu verschlossen,
Und allzu täppisch im Getrieb
Der spielenden Genossen.

Gemieden, hilflos und verkannt
Blieb immer sie zurücke,
Drum wob ihr Geist zum Märchenland
Sich früh schon eine Brücke;
Und waren die Gespielen weit,
Verhallt ihr munt'res Singen,
Dann sprach sie mit der Einsamkeit
Von tausend gold'nen Dingen!

Dann schien ihr jeder Blumenschoß
Ein Elfenkind zu hüten,
Dann krochen Zwerge durch das Moos
Und Heimchen aus den Blüten;
Der Weiher sang, das Wasser stieg,
Schön Ilse lud zum Tanze
Und tausend Nixen drehten sich
Im fahlen Sternenglanze.

Frau Holde saß am Rain und spann
Für Träumerchen ein Röckchen,
Herr Kobold bot ihr Gemmen an
Und zauste ihre Löckchen;
Im hohen Schilfe aber sang
Prinz Nix galante Lieder —
Da seufzte sie wohl schwer und bang
Und schlug die Äuglein nieder!

So schuf sie still aus Märchengold
Viel tausend Feenreiche,
In Einfalt blühend, kindlich hold
Und fern' dem Weltbereiche;
Bis laut das Leben vor sie trat,
Von seiner Lust erzählte, —
Und sie um and're Gaben bat,
In and'ren Losen wählte.

Da sank das gold'ne Märchen-Schloß
Zertrümmert ihr zu Füßen,
Da kam der Freude wilder Troß,
Sie lärmend zu begrüßen;
„Sieh' hin, dies alles ist nun Dein!"
So lockten tausend Stimmen —
„Genieß es nur, das ros'ge Sein
Und lern' im Wirbel schwimmen!"

So jauchzte die Bacchantenschar
Der heit'ren Lebenszecher —
Da flocht sie Kränze in ihr Haar
Und langte nach dem Becher,
Und schlürfte wie im Fiebertraum
In langen, durst'gen Zügen,
Zum erstenmal den hohlen Schaum
Der eklen Daseinslügen.

Zu spät gewahrte sie, daß Gift
Der Inhalt ihrer Schale,
Zu spät die glüh'nde Runenschrift
Am Grunde der Pokale;
„Gezählt, gewogen und geteilt!"
So stand auch dort geschrieben,
Und plötzlich war ihr Wahn enteilt,
Das Elend ihr geblieben.

Geblieben jener böse Blick,
Davor den Menschen grauet,
Weil er, wie vorwärts ins Geschick,
Auch in die Herzen schauet,
Des Lebens schwarzen Abgrund mißt,
Sein ganzes Weh beleuchtet
Und diese kurze Lügenfrist
Mit Thränen nur befeuchtet!

So ward das unbefang'ne Kind
Allmählich klug und weise
Und nahm den Hohn als Angebind'
Auf seine düst're Reise;
Verlachte Erde, Himmel, Gott,
Blieb trotzig und verschlossen:
Beim Lichte glänzend und voll Spott,
Im Dunkel — thränumflossen . . . .

Zuweilen nur entringt sie sich
Dem Fluche dieser Blindheit,
Dann lacht aufs neue sonniglich
Das Märchen ihrer Kindheit;
Aufs neue lockt und klingt es dann
Aus seinen gold'nen Fluten,
Als löse sich ein frost'ger Bann
Im Glanze milder Gluten.

Dann öffnet sich ihr bleicher Mund
Und strömt von süßen Liedern;
Die Vöglein lauschen in der Rund'
Und wollen traut erwidern —
Dann scheint auf ihrem Angesicht
Ein Strahl des Glück's zu säumen —
O stört dann ihre Ruhe nicht
Und laßt die Ärmste — träumen!

Ich kenn' ein Lied . . . .

—·•·—

Ich kenn' ein Lied, das meine Bruft
Von Gram und Schmerz befreit,
Ich kenn' ein Lied voll füßer Luft,
Ein Lied aus schöner Zeit.

Ich kenn' ein Lied, das mich entrückt
Dem düftern Erdenfein,
Hat etwas je mein Herz beglückt,
So war's dies Lied allein.

Ich kenn' ein Lied, das treu mir wies
Des Friedens gold'ne Spur,
Da mich die ganze Welt verließ
Und falsch die Liebe schwur.

Und fragt ihr mich, welch' hoher Klang
Durch meine Seele zieht,
Welch' wunderfamer Weihgefang?
Dann wißt — mein erftes Lied!

An den Wahnsinn.

—•—

Mit düst'ren Fittichen kreist
Der Schmerz um die klagende Erde,
Ob uns'ren Häuptern verhallt
Der eherne Donnergang des Schicksals,
Und jede Wonne wird uns gesandt,
Um tausendfaches Leid zu gebären.

Berückenden Auges naht
Die Liebe, eine himmlische Zaub'rin.
Den Kranz der Freude bietet sie uns,
Gewunden aus Purpurrosen des Lenzes,
Und ihre fiebernde Rechte hält
Den schäumenden Becher des Genusses.
Da jubeln die Sinne — ein wilder Drang
Erfaßt unser Herz, betäubend weht
Die schwüle Duftatmosphäre der Wonne,
Und durch den sehnenden Busen zieht
Der glüh'nde Feuerstrom des Verlangens.
Die Liebe aber schmückt unser Haupt
Mit allen Rosen des üppigen Lenzes,
Den Becher der Freude reicht sie uns,
Und wir — wir greifen darnach, nicht ahnend,
Daß hinter jeder Blüte des Seins
Der häßliche Wurm des Schmerzes lauert,
Und jeder Tropfen des schäumenden Tranks
Zur bitt'ren Thräne einst wird.

Die Liebe flieht, und an ihre Stelle
Tritt hämisch lächelnde Gleichgültigkeit,
Zuweilen auch der Faun der Gemeinheit,
Die Sünde, oder der Überdruß.
Die Flamme, die ein Lichtstrahl der Gottheit
In nüchternen Alltagsseelen entzündet,
Sie stirbt, der Quell der Begeist'rung versiegt,
Und plump, mit gelähmten Schwingen kehrt
Das Kind des Staubes zum Staub zurück.
Doch einzelne leben,
Die nie erkalten und nie
Vergessen, was die Liebe geflüstert.
Ihre Sehnsucht wird ein wilder Titan,
Der nach dem Glücke der Götter strebt,
Ihr Schmerz ist ewig,
Ihr Leid unendlich,
Ihr Herz will brechen und kann es nicht.

Zu diesen tritt dann
Der Wahnsinn, ein mohnbekränzter Engel;
Die schwarzen Fittiche breitet er
Wie Schleier über ihr müdes Haupt,
Sein Kuß durchschauert ihr krankes Herz
Und heil'ge Verwirrung umfängt sie . . .
Die einen verschlingt
Der schmerzausgleichende Abgrund Nirwana,
Doch and're tauchen wie leuchtende Schwäne
Aufs neue aus der Flut des Vergessens,
Symphonisch vereinen sie
Die Träume des Weltalls in brausenden Liedern,
Ihr Gram wird zur Jubelhymne der Lust,
Und von den tönenden Lippen gleiten
Geheimnisvoll erregende Worte,
Die halb wie Rätselsprüche und halb

Wie Offenbarungen klingen!
So hast du auch mich umfangen,
Heiliger Wahnsinn!
Dein Feuerblick hat mein Herz getroffen
Und dein Flammenkuß meine Seele verzehrt!
Wie nichtig erscheint mir die Liebe der Menschen,
Seit ich in deinen Armen geruht,
Wie träge der Pulsschlag der Leidenschaft,
Seit der Wirbelstrom der Unendlichkeit
Meine fiebernde Seele durchflutet.

Mit tönenden Flügeln schweb' ich jetzt
Dem Glanzmeer des Lichtes entgegen,
Der Hauch der Glückseligkeit schwellt meine Brust
Und unter mir verschwindet
Die Erde, ein kleiner, vergessener Stern,
Verschwindet das nied're Pygmäengeschlecht,
Das ich verachten gelernt!

O trage mich immerdar
Empor auf dem Schwanengefieder der Dichtung —
Dein Atem umfächle mein Haupt,
Dein Mohnkranz beschatte meine Stirne,
Begeisternd töne von meinen Lippen
Der Jubelgesang der Poesie,
Dein wild erbrausender Dithyrambos,
Heiliger Wahnsinn!

Sei stumm, mein Herz ....

Sei stumm, mein Herz, und klage nicht,
Es mußte so gescheh'n:
Das Dunkel folgt dem Sonnenlicht,
Der Frühling muß verweh'n —
Warum soll nur die Lieb' allein
Mit Blumenduft und Sonnenschein
Ach nimmer, nimmer geh'n?
Sei stumm, mein Herz, und klage nicht,
Es mußte so gescheh'n!

Ich hatte einen wüsten Traum,
Nun bin ich jäh erwacht:
Mein Glück zerfloß wie Wellenschaum,
Eh' ich's geahnt, gedacht,
Die Wahrheit schwände nicht so schnell,
Sie gleicht dem Tag, ist licht und hell,
Der Trug nur liebt die Nacht —
Ich hatte einen wüsten Traum,
Nun bin ich jäh erwacht!

Doch was die Lieb' mir auch geraubt,
Mein Kranz ist nicht verdorrt!
Das Gold des Ruhmes krönt mein Haupt,
Begeist'rung trägt mich fort!
Was soll die Welt, so arm, so leer —
Ich schwinge mich zum Sternenheer,
Und siege durch das Wort —
Was mir die Liebe auch geraubt,
Mein Kranz ist nicht verdorrt!

Gespenster.

—◦◦—

Es stehen schwarze Schatten längs der Wände,
Wenn ich erwach', die ich allein nur seh'
Und kenn': sie reichen flüsternd sich die Hände,
Und starren an so grausig mich, so weh!

Einst waren's Träume, froh und lebensmächtig,
Ach, Träume, die mir Hirn und Herz bethört;
Gespenster treten finster nun allnächtig
Sie an mein Lager, bis sie mich zerstört!

Stumm steh'n sie da, in fürchterlichem Schweigen—
Ihr Blick durchschüttelt mich wie Grabesfrost,
Und wenn sie ihre fahlen Hände zeigen:
Braun klebt's d'ran, wie gesprengter Särge Rost.

Und einer tritt zuletzt aus ihrer Runde,
Der lächelt mich so eigen an und spricht:
„Glaub' nicht, daß Hirn und Herz dir je gesunde,
Weil du nur wieder lachen kannst — glaub's nicht!

Ich legte auf die Lippen dir dies Lachen,
Das tötet, ob auch scheinbar es befreit —
Wie Viele ließ ich schon gleich dir erwachen
Aus Schmerz und Pein — zu solcher Heiterkeit!

Dann lachten sie" . . . . und wie mit meinem Munde
Lacht auf er, daß ich lausche, schreckenslahm.
„Nun, kennst du mich? Ich segn' dir jede Stunde —
Dein Freund ward ich, und Wahnsinn ist mein Nam'!"

Friedhofs-Lieder.

1.

Das ist noch der alte Hügel,
Der alte Totenhain —
Erinn'rung mit weichem Flügel
Umschwebt hier jeden Stein;
Umflattert im Glanz der Sonne
Die stillen Grüfte all',
Und träumt von begrab'ner Wonne
Im bunten Lebensschwall.

Das ist noch die alte Weide
Mit blitzgespalt'nem Haupt,
Sie rauschte dir einst vom Leide —
O, daß du's nicht geglaubt!
O, daß du hinweggezogen,
Wie schnell zerfloß dein Traum,
Die Freude warf gold'ne Wogen,
Doch jede ward zu Schaum!

Das sind noch die weißen Rosen,
Die einst dein Haupt geschmückt,
Du wolltest mit roten kosen —
Nun ist dein Kranz zerpflückt;
Du jagtest nach süßen Wonnen,
Und bringst jetzt nur den Schmerz:
Am Grunde der Liebesbronnen
Lag ein gebroch'nes Herz!

Und wie aus der Friedhofsblume
Der Hauch des Todes steigt,
Wie sie, das Kind der Verwesung,
Sich zu Verwesten neigt,
So schwebt auch um dich, du Bleiche,
Ein schwüler Moderduft:
Du bist eine schöne Leiche,
Dein Herz ist eine Gruft!

2.

Der Himmel brütet sternenleer,
Die Lüfte wehen schwül,
Als stiege ein Gespensterheer
Aus dumpfem Grabespfühl.

Der letzte Dämmerschein erblich,
Das Kreuzbild steht voll Ruh',
Und nur die Weiden raunen sich
Geheime Worte zu.

Von Menschen flüstern sie, die lang
Gekämpft, geseufzt, geglüht,
Und mit den Friedhofsrosen dann
Gestorben und verblüht!

3.

Graue Wolkenschatten gleiten
Über's Himmelszelt,
Und ein Hauch entleg'ner Weiten
Streift das Totenfeld.
Sind die grauen Schatten droben
Bilder, nur aus Luft gewoben,
Wolken, die im Wind verweh'n,
Oder Schemen, die voll Trauer
Auf die bleiche Friedhofsmauer
Und auf ihre Gräber seh'n?

Herbstlich kühle Winde schweben
Klagend durch die Nacht,
Alle Trauerweiden beben,
Fremder Klang erwacht —
Will der Sturm mit raschen Schwingen
In das Reich des Todes bringen
Und entweih'n den heil'gen Ort,
Oder tönen uns're Klagen,
Uns're bangen Rätselfragen,
Selbst im stillen Grabe fort?

Schwere Regentropfen fallen
Auf das Totenfeld,
Und die Nebelschleier wallen
Über's Himmelszelt;
Wollen diese warmen Tropfen
An das Thor der Schatten klopfen,
Rufen sie der bleichen Schar?
Oder sind es nur die Thränen,
Die das ungestillte Sehnen
Einer stummen Welt gebar?

4.

Wenn der Tod über seinen Garten schwebt,
Verwelkt die blumige Flur,
Ein namenloses Sehnen durchbebt
Das milde Herz der Natur;
Die Gräser neigen sich unbewußt,
Die Weiden zittern voll Todeslust,
Und alles seufzt, was da lebt —
Wenn der Tod über seinen Garten schwebt!

Wenn der Tod über seinen Garten schwebt,
Erstarrt das glühende Herz,
Das lang' gehofft, gerungen, gestrebt
Und doch voll Weh und Schmerz.
Es sah die irdische Lust verglüh'n,
Und will dem Rätseldasein entflieh'n,
Das keine Hülle erhebt,
Bis der Tod über seinen Garten schwebt!

5.

Ich fah die Liebe im Sternengewand,
Den Rosenbecher in fiebernder Hand,
Ihre Augen strahlten so mild, so hold,
Ihre Haare schienen mir eitel Gold,
Ihre Lippen vom Küffen rot —
Und dennoch schwand sie so bald, so bald,
Wie Schaum zerfloß ihre Huldgestalt,
Ihr Lachen wurde zum Schmerzensgestöhn,
Und zu Gift der Trank, den sie bot —
Ja die Liebe war schön, war vernichtend schön,
Aber wonnig ist nur der Tod!

Die Welt auch fah ich, so groß, so weit,
Doch über ihr einen Dämon: die Zeit!
Sah das Schöne leuchten, das Glück ersteh'n,
Um so rasch zu schwinden, so schnell zu verweh'n,
Wie ein täuschendes Bild der Luft;
Die Lüge herrschte, der Friede wich,
Und alles, alles zerrann, erblich.
Ihr nennt die Götter mächtig und hehr,
Sie sind stumm, wenn die Seele ruft —
Ja, das Weltall ist groß, doch entsetzlich leer,
Darum preis' ich die enge Gruft!

Erdenglück.

—·•·—

Was hab' ich geträumt,
Was hab' ich gesungen?
Mein Traum ist dahin,
Mein Lied ist verklungen!

Was hab' ich gehofft
Vom Leben, vom Lieben?
Ach, alles entschwand —
Was ist mir geblieben?

Um Mitternacht.

Wenn müde und halb berauscht
Von des Tages buntwechselndem Leben
In sel'ger Ruhe die Erde träumt,
Des Mondes bläulicher Glanz
Die öden Straßen durchflutet
Und heil'ge Vergessenheit
Die linden Fittiche hebt —
In diesen gesegneten Stunden,
So wonne= und schlummerreich —
Warum, laut pochendes Herz,
Kannst nur du keine Ruhe finden?
Warum, heiß fiebernde Stirn,
Durchwirbelt so schlummerraubend
Und traumverscheuchend nur dich
Der Gedanken quälendes Heer?

Geruhigen Wandels zieh'n
Am Himmel oben die Sterne,
Und regungslos liegt die Stadt —
Die weite, weite Riesenstadt — denn siehe,
's ist Mitternacht und arm wie reich beglückte
Ohn' Unterschied des Traumgott's lockender Becher,
Der schwere, mohnumkränzte . . .
        Du nur stöhnst
Und wimmerst um Mitternacht in deine Kissen,
Unsel'ge, und weinst und brütest — denn
Ein Dämon ist's, der finster und dennoch berückend
Dein Lager umschwebt und Dämonengeflüster scheucht
Des Traumes Märchenboten aus deiner Nähe,
So daß ihr lieblicher Reigen glanzlos zerstiebt
Und die Nachtunholde des Wahnsinns dich umkreisen.

Und winkt auch leuchtenden Auges dir
Das Zauberweib Phantasie mit den gold'nen Schwingen,
Dem Mohnkranz und hold verjüngenden Feuertrank
Der Begeist'rung — satanisch grinsend scheucht
Dein böser Feind auch diese Tröst'rin von hinnen
Und sinnbethörend ins Aug' dir blickend, weilt
Solang' Unselige er an deinem Lager,
Bis du die Arme breitest, ans Herz ihn drückst
Und verlangend, sklavisch nur ihm entgegenatmest,

Ein Opfer, das willenlos sich selbst ergiebt.
Dann breitet er die schwarzen Dämonenflügel
Und schüttelt seiner Locken nächtliche Pracht,
Küßt frostig Lieb' und Glauben dir aus der Seele,
Träuft leis' das Gift der Verzweiflung in deine Brust,
Zerfleischt mit krampfhaft zuckenden Raubtierkrallen
Dein Herz, umfängt dich brünstig wie ein Vamphr
Und flüstert eisig lächelnd: „ich heiße Erkenntnis!"

2.

Mit ehernen Banden hält
Und kettet an Staub und Verwesung
Natur, deine Zeug'rin, dich fest;
Natur, das lockende Ungeheuer,
Bald lächelnd und sonnengoldig
Zu wütender Daseinsfreude dich spornend, bald
Entsetzen und Not gebärend,
Mit der Rute des Jammers dich peitschend,
Doch immer vernichtend und rätselhaft, immer
Medusa und Sphinx zugleich!

Durch deine Pulse jagt
Und rast in fiebernden Takten
Ihr unbarmherz'ges Gesetz,
Das ew'ge Gesetz der Zerstörung;
Sie gab dir Wille und Kraft
Dich selbst zu vernichten — dich selbst
Zu retten aber vermagst du nie und nimmer!

An ihrem Triumphwagen zieh'n
Wir alle — keuchend, schweißbetrieft und dennoch
Auch selig: denn als Fata morgana schaukelt
Die Hoffnung vor uns und das Glück und jegliches Blendwerk,
Das uns zum Hohn sie geschaffen,
Und wir, das sehnsuchtvergiftete Sklavenheer,
Ideale nennen! — So stürmen in lechzender Eile
Und toller Jagd wir dahin, bis tückisch
Die Kraft uns verläßt, der Odem schwindet und ferner
Denn je unser Ziel auf goldigen Wolken schwebt,
Bis hilflos und keuchend wir
Zusammenbrechen — dann jauchzt dämonisch sie auf,
Dann ruft sie ihr grausames: „Evoë!" und lenkt
Zermalmend über tausend Opfer hinweg
Die ehernen Speichen ihrer Biga!

8.

Welch' grausamer Dämon wohl
Den quälenden Liebesbrang
Ins pochende Herz uns geschrieben?
Welch' tückischer Höllenwahn
Es sehnend beben und thöricht
Nach göttlicher Wonne lechzen und dürsten heißt,
Nach einem Unendlichen
In fiebernder Glut sich verzehren
Und über dem brodelnden Sumpf
Der Endlichkeit das lockendste Märchenreich
Des Traumes erbau'n — ach! klagend und ungelöst
Verhallt in Ewigkeit diese bange Frage . . .

Berückend lächelt und winkt
In jenen Rätselstunden
Das Göttliche uns zu —
Allein wir wollen's auch haschen,
Auch fesseln, auch im Gewand der Vergänglichkeit seh'n
Und rufen, ein zweites, thörichtes Ich
An unser Schicksal kettend: „Gefunden — gefunden!"

Allein nur Götter und Märchenhelden erquickt
Der Nektar ewiger Thorheit,
Die kleinen Menschen lenkt Vernunft,
Und Vernunft, die gefräßige Riesin,
Sie nährt und stärkt sich nur
Von zertrümmerten Idealen!

Entzaubert und fröstelnd erwacht
Das Herz und die nüchterne Alltagsseele,
Sie lächelt des Traum's, der ehmals sie berauscht ...
Den leuchtenden Stern der Göttlichkeit,
Nicht stolz und titanisch konnte
Vom Himmel sie ihn reißen — nein, sie griff
Und langte, thörichter als ein thörichtes Kind,
Nach seinem trüben Widerschein
In der Pfütze der eigenen Gattung ...

4.

Im Kreise der Lebenden geht
Und wandelt von Mund zu Mund
Ein schreckgeflüstertes Wörtchen —
Sein eherner Klang, er läßt
Die rosigste Wange erbleichen,
Die Jubelhymnen des Wahns,
Die schillernden Lügenmärchen
Des Daseins werden von ihm zerrissen, und
Verhallen mit ihm in Ewigkeit.

Die Dornenkrone des Leids,
Die Rosenkränze des Glückes
Und Diademe des Ruhms —
Sie alle, alle umwindet,
Umstrickt und überwuchert
Des bleichen Todes Asphodil!
Wem seine Fittiche rauschen,
Der bebt, und wem seine hohle Stimme ertönt,
Der hat zum letzten Mal gelogen . . .

Verwesung und Moder gärt
In unsren Adern, Verwesung leitet uns
Nach ihrem Gesetz, und was da lebt und atmet,
Verwesung hat es geschaffen,
Verwesung zerstört es auch!
Ein schmutziger Wirbel voll Rätsel und Wahnsinn kreist
Das Leben, und unser Pygmäengeschlecht, es kreist
Mit ihm: in blinder Schwäche, drolliger Würde
Und Ohnmacht . . .
      Allsiegend und frei nur herrscht
Der Riese Tod: mit blinkendem Schwerte mäht er
Die gleißende Daseinslüge hinweg
Und spricht, in Ewigkeit
Auf Staub und Verwesung deutend,
Die einzige, ewige Wahrheit: „Es ist nichts!"

Herbststimmung.

—·—

Ein endlos grauer Regentag …
Die letzten Blätter fallen —
Wie traumverloren hör' ich Schlag
Um Schlag der Uhr verhallen.

Wem jemals Lieb' und Lenz gestrahlt,
Mag nun Erinn'rung trösten,
Die Zaub'rin, die so heiter malt
Mit kargen Farbenresten.

Und ob sein Herz auch früh verlor,
Was es an Glück besessen,
Man lernt durch einen Thränenflor
Die Wonnen doppelt messen!

Doch wen betrogen alle beid',
Der fühlt in solchen Stunden
Noch herber sein unwürdig' Leid,
Noch heißer seine Wunden ....

Devise.

—•—

Nun bleib' dir endlich treu und laſſe
Das Leben kalt vorübergeh'n,
In blinder Thorheit mag die Maſſe
Nach ſeinem gold'nen Fittich ſpäh'n;

O mehre nicht den Schwarm der Becher,
Der Flüchtigkeit und Ekel trinkt,
Solang' aus ätherhellem Becher
Das Ew'ge dir entgegenblinkt!

Warum nach jenen Freuden ſchielen,
Die höhniſch doch ſo raſch entflieh'n?
Wozu dies qualdurchbebte Spielen,
Um dann ein endlich' Los zu zieh'n?

Die Kleinheit mag ſich freu'n und lieben,
Für ſie gebärt der Zeitenſchoß —
Auf deine Stirne ward geſchrieben:
„Zieh' hin — entſag' — und werde groß!"

Sterben.

— ◦ —

Wenn einst ich sterben gehe,
Nicht soll's in Frieden sein:
Sterben mit meinem Wehe
Will ich, mit meiner Pein!

Mit dem wühlenden Dolch im Herzen,
Meiner Sehnsucht verzehrender Glut,
In der Wollust aller Schmerzen,
Die vergiftet mir Hirn und Blut!

Ob ihnen auch im Leben
Geflucht oft Seel' und Mund —
Des Daseins schöpferisch Leben
That doch nur in ihnen sich kund!

Und geht's dem Grab, dem kühlen,
Entgegen zu träger Rast —
Noch einmal will ich fühlen
Wie ich geliebt und gehaßt;

Noch einmal kämpfen und träumen
Stolz auf mich selbst gestellt,
Daß sieghaft in mir aufschäumen
Die Kräfte meiner Welt;

Und um mich zusammenschlagen
Wie Ströme flammenden Licht's,
Eh' sie hinab mich tragen
In den Ocean des Nichts!

Zarenmahl.

Er tafelt ...
     Vor der sammtverhang'nen Thüre,
Die Hand am Schwerte stehen die Hartschiere;
Gewandt und mit ehrfürchtigem Gekriech
Bedienen ihn die schwänzelnden Lakeien —
Nun speise, Väterchen, und labe Dich!
Sieh ringsum, Deinen Gaumen zu erfreuen,
Gehäuft, was nur ein Weltreich bieten kann!
Nicht reden darfst Du, Großer, nur ein Winken,
Schon Deiner stolzen Augen herrisch Blinken
Genügt, und was Du willst, es ist gethan!

Und näher rückt der Zar die gold'nen Teller —
Da, siehe, bricht es plötzlich wie ein greller
Und blut'ger Wiederschein daraus hervor:
„Gedenkst Du Karas?" tönt es an sein Ohr,
„Aus jenem Bergwerk, Zar, sind wir gewonnen,
Dort glänzt es, wie von unterirb'schen Sonnen
Von Gold — und alles, Väterchen, ist Dein!
Viel hundert Arme werfen in den Minen —
Verbannte sind's, Unschuld'ge unter ihnen,
Und täglich, stündlich mehrt sich ihre Zahl —
Schlaff ist ihr Körper und ihr Antlitz fahl;
Seit Jahren traf ihr Ohr kein and'rer Ton
Als das Gesaus' der Ruten, oder Hohn,
Wenn schwächer sie die müden Hände rühren;
Und treibt sie der Kosak des Nachts zu Bette,
So klirrt an ihrem Arm und Fuß die Kette,
Daß sie im Traum noch Deine Macht verspüren.

An jedem Barren klebt ein Tropfen Blut,
Ein wilder Fluch und eine Thränenflut —
Wir wissen es — wir, Deine Prunkgefäße ...
Allein was thut es? Gold und Zarengröße
Verrosten nie! Nun iß und laß Dir's munden,
Der Himmel schenke Dir noch viele Stunden!"

Zur Erde läßt der Zar die Teller klirren;
Aufspringt er jäh und seine Blicke irren
Wie fieberglastend durch den prächt'gen Raum ...
Herzuspringt der Lakei, dem Todesbleichen
Zur Stärkung das gefüllte Glas zu reichen —
Er nimmt's und trinkt, apathisch, wie im Traum.

Da horch! Geschrei und Lärmen auf der Straße —
Zusammenfährt, weit off'nen Aug's, der Blasse —
„Was soll dies?" haucht er, und sein Blick wird stier.
„O Herr," erwidert, tief vor ihm sich neigend
Ein Diener, schüchtern nach der Straße zeigend —
„Die nach dem Leben frech getrachtet Dir,
Man führt die Schnöden heut' dem Strick entgegen,
Milchbärte sind's und Dirnen allerwegen;
Die gottverlass'nen, tollen Nihilisten —
Gott schütze Dich und alle guten Christen!"

In tiefe Falten legt der Zar die Stirn.
Das hämmert heut' so toll in seinem Hirn ...
Von seinen gift'gen Feinden wieder sieben
Entlarvt — er hat das Urteil unterschrieben —
Nun führt der Henkerkarren sie zum Tod!
Da zittert seine Hand, und blutigrot
Entrieselt's seinen Fingern ... wie vom Bösen
Gepackt, schreit furchtbar der Gequälte auf.
Doch sieh, es ist nur sein Bordeaux gewesen,
Den zitternd er vergoß — das edle Naß!
Aufstampfend wirft er weit von sich das Glas ...

8*

Die Hand zu rein'gen, reicht ihm der Lakei
Geschmeidig die entfaltete Serviette —
Da raschelt ein Papier heraus — fürwahr,
Ein Brief! Auf seinem Tisch — an dieser Stätte?
Bleich wird der Diener, bleicher noch der Zar.
„Wie kam dies her?" brüllt er. „Ihr müßt es wissen!"
Doch schluchzend stürzen jene ihm zu Füßen —
„O Väterchen, o Herr, wir wissen's nicht!
Jahrzehnte schon sind wir in Deinen Diensten,
Und treu und ungeübt in solchen Künsten,
Und Gott ergeben, Dir und uns'rer Pflicht!"

Mit banger Hand entfaltet er das Schreiben
Und liest: „Vernicht' uns, doch wir werden bleiben!
Schick' uns als Sklaven nach Sibirien,
Wir werden doch vor Deinem Geiste steh'n;
Wähn' Dich gesichert, wähne Dich allein —
Wir geh'n doch allzeit bei Dir aus und ein;
Laß uns zu Tode knuten oder hängen —
Die Menschheit wird auch Deine Ketten sprengen!"

An das Licht.

Vom Himmel strahlst du, heiliges Licht,
Und wogst in goldenen Fluten
Als Äther um die unendliche Welt!

Es fliegt dein leuchtender Pfeil
Hinab in die greulichsten Tiefen,
Und in die verborgensten Schluchten
Fällt dein schimmernder Strahl!

Ich preise dich, göttliches Licht,
Weil du das Chaos geordnet,
Das brütende Dunkel vernichtet,
Die tote Erde beseelt!

Du strahlst aus der herrlichen Sonne,
Du blinkst aus den lieblichen Sternen,
Du leuchtest aus jeder Welle,
Die plaudernd zum Strande eilt.

Und weil du die Menschen auch liebst,
Die sinnenden Kinder der Schöpfung,
Durchdringst du ihr ganzes Wesen
Mit deiner heiligen Glut:

Es glänzt dein himmlischer Strahl
Als Schönheit in ihrem Leibe,
Als Freiheit in ihrem Geiste,
Als Liebe in ihrer Brust.

Und was du also zerstreut,
Das glänzt dir noch holder entgegen,
Gesammelt in einem Krystalle:
Dem freudeglühenden Aug'!

Allein — Einsam.

—•—

Sie stand und sah in den Frühling hinaus,
Im Glanz ihrer lachenden Jahre,
Das Aug' so träumend, die Lippen so kraus,
So strahlend die goldbraunen Haare;
Und war sie auch noch im Lenze allein,
Ihr Herz schlug nimmer beklommen —
Die Welt lag hell, und ihr Sonnenschein,
Es mußte ja, mußte ja kommen!

Auch heute wallt ihr die Maienluft
Berückend und schmeichelnd entgegen,
Die Rosen leuchten, die Nachtigall ruft,
Und rings liegt blühender Segen;
Doch sie ist einsam — voll Thränen und Pein,
Verlassen in Freude und Bangen,
Und krönt's ihr Haupt auch wie Sonnenschein —
Ihr Glück ist auf immer gegangen!

Musik.

— ·· —

Es bleibt ein Hauch von allem was wir träumten
Und fühlten, wunderſam in uns zurück;
Und ob der Täuſchung Wogen auch verſchäumten —
Das Herz wahrt ihren Zauberton — Muſik!
Und ob, was Dir die Seele auch befeuert,
Erhoben, oder werdefroh durchglüht,
Entſchwand — die Wundermacht, die es erneuert,
Sie ſchlummert rätſelhaft Dir im Gemüt!

Nicht was Erinnerung in harten Zügen
Der Menſchenſeele dauernd eingebrannt,
Was bitter als zu ſpät erkannte Lügen
Bekritteln mag der nüchterne Verſtand;
Noch was im haſt'gen Wechſelflug der Tage
Aus unſerm Hoffen, unſern Träumen ward —
Was ſie geweſen ſonder Reu' und Klage,
Wird mhſtiſch dann dem Geiſt geoffenbart!

Erinn'rung magſt Du ſiegreich oft bezwingen,
Sie iſt ein Feind, des Weiſe Dir bekannt,
Doch niemals, niemals wirſt Du niederringen,
Was ſo geheimnisvoll Dich übermannt;
So leiſe naht's, ſo plötzlich, ſo verſtohlen,
Ein Duft, ein Hauch, ein Liedchen weht's Dir an,
Und was Du lange Zeit Dir ſelbſt verhohlen —
's iſt da, und hat Dir's wieder angethan!

Haft Du es unbewußt in Dir getragen?
Wie, oder zwang's von außen Deinen Sinn?
Kaum weißt Du's! Doch Dein Herz wird höher schlagen,
Und flüstern wird dies Rätsel: „Sieh, ich bin!"
Weitab wird jede Lösung von ihm irren,
Vergeblich sucht der Mund das rechte Wort,
Doch längst verstummte, gold'ne Saiten schwirren,
Verwaiste Töne fanden — den Accord!

Der Nix.

—•—

Du schöne Maid, Du junges Blut,
Geh nimmermehr zur klaren Flut,
Sie lügt, sie lügt —
Und glänzt ihr Spiegel noch so rein,
Und blickst Du sehnend auch hinein —
Er trügt, er trügt!

O laßt mich zieh'n, o laßt mich fort,
Will grüßen nur den trauten Ort
Am See, am See!
Will träumen nur im schwanken Ried,
Will singen nur ein stilles Lied
Voll Weh, voll Weh!

Und wie sie steht und wie sie träumt,
Wie Well' um Welle kommt und schäumt,
Und blinkt, und blinkt —
Taucht aus den Fluten wunderbar
Der bleiche Nix mit gold'nem Haar
Und winkt, und winkt.

Und blickt so müd' und singt so weich:
„Komm' Mädchen, sieh' mein stilles Reich
Im See, im See!
Da quält kein Gram Dein wundes Herz,
Da flieht Dein Leid, da schweigt Dein Schmerz,
Dein Weh, Dein Weh.

O laß doch Deinen stillen Harm,
Gar süß ruhst Du in meinem Arm
Am Grund, am Grund!
O komm', Du schönes, bleiches Kind,
Ich wieg' Dich sanft, ich küss' Dir lind
Den Mund, den Mund!"

Das Mädchen lauscht dem süßen Sang,
Ihr wird so weh, ihr wird so bang,
So schwül, so schwül —
Was bebst Du, Leib, was stockst Du, Blut?
Da unten nur, in dunkler Flut
Ist's kühl, ist's kühl!

Mein Sinn ist trüb, mein Herz ist schwer,
Der heil'ge Friede kehrt nicht mehr
Zurück, zurück!
Treu hatt' ich mich der Lieb' geweiht,
Doch ach, sie bringt nur Schmerz und Leid,
Kein Glück, kein Glück!

Und horch, im Schilf klingt's wie ein Gruß,
Die Well' netzt schimmernd ihren Fuß
Und blinkt und blinkt —
Da zieht's die bleiche Maid hinab,
Sie stürzt ins dunkle Flutengrab
Und sinkt, und sinkt . . . .

Heimat.

—•—

O Heimatdorf, in grüner Berge Schoß,
Der Welt so klein — für mich so reich, so groß!

Jahrzehnte sind's, daß dich mein Aug' nicht sah,
Nun bringt ein Bild dich meiner Seele nah:

Da stehst du wieder vor mir, Haus an Haus,
Von ferne hör' ich deines Strom's Gebraus;

Der Hirtenflöte melanchol'scher Klang,
Er schwebt wie einst das stille Thal entlang!

Aus blüh'nden Gärten winkt's mir traulich zu,
Die Blumen duften Seligkeit und Ruh';

Die Stätten meiner Spiele, groß und klein,
Umzittert märchenblauer Dämmerschein.

Noch krönt der Eichwald deiner Felsen Grat,
Noch zieht sich längs des Strom's mein Lieblingspfad —

Viel tausendmal ich träumend ihn beschritt,
Die Helden meiner Märchen gingen mit.

Mir ist, als säh' ich sie auch heut' dort zieh'n,
Doch scheu, als wollten sie vor mir entflieh'n ..

Und plötzlich fühl' ich's durch den Sinn mir weh'n,
Als müßt' ich ein Verlor'nes suchen geh'n;

Und suchend irre ich thalaus, thalein —
Umsonst! Da faßt es mich wie dumpfe Pein —

Von Thränen wird mir Herz und Auge schwer:
Es war ein glücklich Kind — ich find's nicht mehr!

Sturmeshymne.

—•—

Wenn müd' und sonnenarm
Der herbstliche Himmel trauert,
Die letzten Blumen hinwelken, und
Das fahle Gespenst der Melancholie
Auf nächtlichen Schwingen die Welt umkreist, —
Dann nahst du, Sturmwind, Herold des Todes,
Heulender Bote des Untergangs!

Dämonisch, mit Riesenschnelle
Durchfliegst du das zitternde All;
Dein frostiger Atem entfärbt die Blätter,
Und unter dem Brausen deiner Schwingen
Erstarrt der Pulsschlag der Natur.
Am finster brütenden Himmelszelt
Umfängst du die bleiernen Wolken;
Sie blicken trostlos herab
Und netzen die Säume deines Mantels
Mit trüben, schwermutvollen Thränen,
Die langsam zur Erde fallen
Und leise, leise
An unsere Fenster pochen,
Verkörperte Schmerzen der Natur.

Der Regen rieselt und rauscht ... doch deine Stimme
Läßt alle Laute machtlos verhallen;
Entsetzliche Klagelieder
Durchbrausen das zitternde All,
Und rastlos auf= und niederschwebend
Besingst du das Elend der Welt
In rätselhaften Symphonien ....

Die mutigen Helden der Vorzeit
Verglichen dich einem trotzigen Hünen,
Der grimmig die Höhen Walhalls verließ,
Und zürnend, ein machtvoll dräuender Gott
Den Staub der Verwesung durchpflügte.

Den gläubigen Vätern warst du
Der mächtige Wodan; doch ich
Vergleich' dich dem Geiste der Menschheit,.
Der ruhe= und friedlos,
Sehnend und haltlos
Zwischen Himmel und Erde schwebt.
Dein brausendes Klagelied
Erdröhnt wie ein Jammerschrei der Natur,
Die trauernd ihr elendes Dasein fristet,
Von Anbeginn mit der Gottheit kämpft, und doch
Den quälenden Götterdrang
Von Anbeginn in der Brust trägt!

Wer bist du,
Woher kommst du,
Ruhlos Gespenst,
Freund der Zerstörung,
Fiebernder Atem der Schöpfung?

Hast du das Elend der Menschheit belauscht, oder hast du,
Sehnsuchtsvoll gen Himmel schwebend,
Den leeren Raum statt der Seele des Alls,
Den kalten Tod statt der Gottheit gefunden?

Das Wunder des Pan.

—◦—

Sanft vom linden West gekräuselt
Schaukelt sich Joniens Meer,
Und darüber strahlt der Himmel,
Ruhig, sternbesä't und hehr.
Bläulich wogt des Mondes Schimmer
Um Korkyras Blütenstrand,
Und aus jeder Welle atmet's
Klingend: „Siehe — Griechenland!"

Sacht, mit leicht geschwellten Segeln
Zieht ein Schiff die helle Bahn,
Und im glatten Flutenspiegel
Glänzt es wie ein Silberschwan.
Perlen stäubt's von seinen Rudern,
Doch kein Sang erschallt an Bord,
Freudlos scheinen alle Mienen,
Dumpf und schwer tönt jedes Wort.

Ernst das edelschöne Antlitz
Seiner Heimat zugewandt,
Tritt ein jugendlicher Grieche
Sinnend an des Schiffes Rand.
Wehmut zuckt um seine Lippen,
Trübt sein feurig' Augenpaar,
Und wie traumverloren spricht er
Also zur Gefährtenschar:

„Hört Ihr nicht die Wogen singen?
Joniens Meer ist's, das uns trägt!
Heilig, heilig jede Welle,
Die an uns're Ruder schlägt!
All' die Lieder gold'ner Tage
Klingen noch aus dieser Flut,
Mit Homer sang ihre Woge
Rauschend von Odysseus' Mut!

Seine Kämpfe, seine Leiden,
Sein Verzweifeln und sein Glück —
Was der Grieche fromm bewundert,
Hier blieb es im Bild zurück.
Dort die Insel der Kalypso,
Leuchtend wie ein Silberband,
Und im Mondesduft verschwimmend,
Der Phäaken friedlich Land!

Winkt uns nicht mit weißen Armen
Lächelnd jene Zauberin?
Schwebt nicht Alkinoos Tochter
Spielend längs des Strandes hin?
Ach, ein Schatz von Glück und Wonne
Sank in dieses Flutengrab,
Und mit ihm stieg Hellas' Größe
Bleich ins Meer der Zeit hinab!

Was als Schönheit uns're Ahnen
Fromm begeistert und entzückt,
Schreckt gespenstisch nun die Enkel,
Die ein fremdes Weh bedrückt.
Ruht ein Fluch auf uns'ren Sinnen?
Riß der Seele schönstes Band?
Weh, so fremd scheint mir die Heimat,
Ohne Götter dieses Land!" —

Seltsam klingt es aus den Fluten,
Die kein Hauch, kein Luftzug regt,
Und des Schiffes Segel hängen
Plötzlich schlaff und unbewegt.
Bleischwer sinken alle Ruder,
Wie gelähmt scheint jede Hand,
Noch ein schrill' Geächz' des Steuers,
Und das Schiff steht wie gebannt.

In das atemlose Schweigen
Des Entsetzens aber schallt
Plötzlich einer Donnerstimme
Fluterschütternde Gewalt:
„Thamus!" ruft es laut und dröhnend —
Von Korkyra übers Meer —
„Thamus!" gellt's zum zweitenmale, —
Rollt's zum drittenmale her!

Grauenvoll und fragend starren
Sich die Angstversteinten an —
Thamus — ist dies nicht Dein Name,
Wunderlicher Steuermann?
Und schon tritt er vor die andern,
Neigt gen Ost, gen Westen sich,
Und beginnt mit hohler Stimme:
„Der Du rufst — ich lausche — sprich!"

Und als Antwort hallt es wieder
Ehern, wie ein Machtgebot:
„Vor Palodes rufe dreimal:
„Pan, — der große Pan ist tot!"
Bleich und angstverstört tritt Thamus
Wieder vor das Steuer hin,
Und mit dumpfer Stimme haucht er:
„Wer löst dieser Worte Sinn?

War's ein Gott, der mich gerufen?
Kreuzt ein Dämon unf'ren Pfad?
Soll ich thun, wie mir geheißen,
Oder schweigen — wer giebt Rat?"
So der zagende Ägypter.
Da — ein mächtiges Gebraus,
Und des Windes kräft'ger Atem
Spannt aufs neu' die Segel aus.

Rätselhaft, wie es erschienen,
Flieht der Wolken düst'res Heer,
Und der alte Friede breitet
Stumm sich wieder übers Meer.
Nur das Schiff des Thamus gleitet
Durch die Fluten ohne Rast,
Wie von Geistermacht getrieben
Schießt's dahin in wilder Hast;

Und es wechseln wie im Fluge
Strand und Küste ihm zur Seit';
Bis das grauenvolle Wunder
Vor Palodes sich erneut.
Wieder sinkt des Schiffes Segel,
Hält der West den Atem an,
Und aufs neu' liegt starr und eben
Die krystall'ne Wasserbahn.

Doch gleich einer Zauberinsel,
Die im Schoß des Lenzes ruht,
Duft- und blütenüberriefelt,
Schwebt Palodes auf der Flut!
Hellas, deine letzten Träume,
Hast du sie hiehergebannt?
Birgst du hier den süßen Zauber,
Der einst alles überwand?

Deiner Schönheit gold'ne Fülle,
Deiner Sinne schuldlos Glück —
Ist von deinem Götterleibe
Dies das letzte, heil'ge Stück?
Ach, an diesem Blütenstrande
Mag noch Kypris lächelnd steh'n,
Und im klaren Flutenspiegel
Ihr entzückend Bild beseh'n.

Deine sonnenfrohen Märchen,
Deine heit're Götterlust —
Hier verstünde sie die Seele,
Teilte sie die Menschenbrust!
Dennoch siehe, — dräut's von ferne
Nicht gespenstisch diesem Strand?
Wie das Schicksal starrt's herüber,
Winkt mit geisterbleicher Hand —

Thamus, der Ägypter ist es,
Dessen mächtige Gestalt
Schemenhaft und unheildüster
Sich im Flutenspiegel malt.
Und die wetterharte Rechte
Nach dem Eiland ausgestreckt,
Spricht er dumpf zu den Gefährten:
„Göttermacht ist's, die uns schreckt!

Wieder sanken alle Segel,
Stockt das Steuer, jäh erschlafft,
Und wie aus der Luft die Regung,
Schwand aus meinem Arm die Kraft.
Traun, ich thu', wie mir geheißen,
Eh' noch größ'res Leid uns droht —"
Und sich wendend, ruft er dreimal:
„Pan — der große Pan ist tot!"

Horch, was gellt da aus den Lüften,
Zittert durch den Meeresschoß?
Ringt sich ächzend, wild und stöhnend
Von dem blüh'nden Eiland los?
Tausendstimmig scheint's zu klagen,
Schluchzend, bang und leidgepreßt,
Einer Seele gleich, die weinend
Einen schönen Leib verläßt!

Dumpf beginnt die Flut zu rauschen,
Frostig wird der Sterne Licht,
Und die Lauschenden verhüllen
Schaudernd sich das Angesicht;
Noch ein hohl' Gebraus der Wogen,
Noch ein Schrei voll Qual und Weh,
Und Palodes ist gewesen —
Rätselhaft verschlang's die See . . . .

Um dieselbe Stunde aber,
Hellas, die dein Sterben sah,
Stand der Genius der Menschheit
Thränenbleich auf Golgatha.
Christus hatte ausgerungen,
Überwunden Schmerz und Spott,
Und zu Füßen eines Kreuzes
Rief ein neuer Glaube: „Gott!"

Und vom Kindeshaupt der Menschheit
Sank der Freude Blütenkranz,
Und in ihrem Auge strahlte
Fürder nur der Thräne Glanz.
Nimmer ward bei heit'ren Göttern
Froh um Glück und Lust gebuhlt,
Betend klang's von allen Lippen:
„Herr, vergieb uns uns're Schuld!"

Losgerungen aus dem Schoße
Der entgötterten Natur
Sah die Menschheit friedlos zagend
Überall des Jammers Spur —
Weh! — gleich jenem Gott am Kreuze
Blutet nun ihr krankes Herz,
Und vom Himmel der Geschichte
Starrt gebroch'nen Aug's der Schmerz!

Lenzkunde.

—•—

Mit schwanken Zweigen pocht der Wind
An meine Fensterbogen —
Heraus, heraus, Du bleiches Kind,
Der Lenz ist eingezogen.

Gebrochen ist des Winters Macht,
Verscheucht sind seine Sorgen,
Die Blumen blüh'n, die Sonne lacht,
Anbricht der gold'ne Morgen!

Der Himmel strahlt so rein, so blau,
Die Lerche singt so helle,
So grün und duftig winkt die Au,
So munter schwatzt die Quelle.

O komm' heraus geschwind, geschwind,
Und blick' mir nicht so bange,
Ich fächle leis', ich küsse lind
Die Thrän' von Deiner Wange!

So flüstert er voll Lieb' und Lust
Die süße Lenzeskunde —
Was soll sie mir? In meiner Brust
Brennt noch die alte Wunde.

Noch fühl' ich tief ins Herz hinein,
Daß mir kein Glück beschieden,
Daß ich so ganz, so ganz allein
Hinzieh', ohn' Ruh' und Frieden!

Und wenn ich dann die Menschen all'
Von Lieb' und Lust hör' singen,
Will mir das Herz vor Angst und Qual,
Vor Leid und Schmerz zerspringen!

Ekkehard.

—•—

Wir haben viel geplaudert,
Manch' Liebes uns gesagt,
Doch allzulang' gezaudert,
Und allzuviel gefragt;
Nun ist Dein Herz gebrochen,
Und auch mein Lieben fort,
Weil wir es nicht gesprochen:
Zur rechten Stund' — das rechte Wort!

Gesunden war's, doch bange
Und scheu hieltst Du's zurück;
Ich quälte Dich zu lange,
Du spieltest mit dem Glück —
Nun hat es sich gerochen
Und lebt als Elend fort,
Weil wir es nicht gesprochen:
Zur rechten Stund' — das rechte Wort!

Erinnerung.

Der Wald umrauschte uns mit düstern Zweigen,
Der Gram ließ uns're Herzen fast zerspringen —
Wir fühlten all' ihr Wogen, all' ihr Ringen,
Doch keines wollte seinen Jammer zeigen.

Ringsum war's still ... den müden Lebensreigen
Umfing die Nacht mit traumesweichen Schwingen —
Nur uns're Seelen mußten weiterringen,
Nur uns're Lippen mußten ewig schweigen.

So schritten wir durch öde Waldeshallen:
Zwei Sternen gleich, die voneinander träumen,
Doch ewig einsam ihre Bahnen wallen.

Der Nachtwind seufzte klagend in den Bäumen,
Doch keine Lippe ließ ein Wörtchen fallen —
Ein weites Meer schien zwischen uns zu schäumen!

Stille Geschichte.

Es strecken and're Arme sich nach Dir,
Und nur im Traum darf Dich der meine halten;
Viel Meilen liegen zwischen Dir und mir,
Dazwischen eines Schicksals Nachtgewalten.

Die Tage geh'n und kommen wie im Traum,
Und klaglos seh' die dumpfen ich entschweben —
Wie lange leid' ich schon? Ich weiß es kaum!
Wie lange noch? So rinnt dahin das Leben.

Und eines Tages werd' ich nicht mehr sein,
Und Du nicht mehr, und niemand wird drum fragen:
Die Blumen blüh'n auf uns'rem Grab allein,
Die Welt vergißt, daß sie uns einst getragen . . . .

Ein Weg.

—•—

Es zog ein Weg sich längs des Bergstrom's hin,
Schroff überhängend, steinig. Aus dem Dunkel
Des Buchenwaldes kroch er und verschwand
Darin auch wieder; nur ein schmaler Steig war's,
Wie ihn der Kletterfuß des Hirten tritt.
Tagsüber funkelte im Sonnengold
Sein Kies; des Fingerhutes Purpurglocken
Sah'n aus dem Dickicht auf ihn nieder; als
Gefährtin seiner Einsamkeit wuchs prächtig
Wie nirgend sonst die Königskerze dort ...

Zwei scheue Kinderaugen zogen täglich
Mit ihm. Wohin? Die Kleine wußt' es nicht,
Denn niemals wagte sie's, ihn zu betreten.
Und dennoch liebte sie ihn — liebte, wie
Ein Kind nur liebt, mit keuschem, tiefem Sehnen,
Und hätt' ihn auch betreten — o wie gern'!
Warum dann that sie's nicht? Die stumme Angst,
Ihn minder schön zu finden, wenn sie's thäte,
Erstickte diesen Wunsch. Doch ihre Sehnsucht,
Die blieb, sie selbst ein stummes, scheues Kind,
Und schlug die Märchenaugen auf, weit, weit,
Allabendlich, wenn sich die Sonne senkte.
Dann lag im blauen Schattenduft des Waldes
Der Pfad wie ein Geheimnis da. Verlor'ne
Lichtstrahlen huschten magisch drüber hin,
In fremden Farben schillerten die Kelche
Der Blumen; sammtene Nachtfalter schwirrten
Darüber hin; für einen Augenblick
Aufleuchteten die Schuppen eines Schlängleins,

Das lautlos tiefer in das Dickicht glitt.
Und aus des Waldes grüner Ferne kam es
Gezogen wie ein Silberharfen-Klang:
Leis', seltsam, wunderbar — ein Ton, der zu
Verwehen schien wie eine Abendwolke.
Sonst nichts . . .
                    Am andern Ufer aber saß
Das Kind, und sah hinüber, reglos, wie
Gebannt, bis leis' und weich der Sammetmantel
Der Nacht den Hang herniederglitt, und aus
Der Tiefe nur des Wassers Stimmen raunten . . .

Viel schön're Wege zog mein Fuß indes,
Und Blumen, Falter, — Schlangen hatten alle!
Doch denk' ich ihrer nun, steh'n öde sie
Vor mir, und trostlos, und mit Thränen wend' ich
In der Erinnerung mich ab davon,
Wenn nicht mit einem Fluch.
                    Nur jener — jener . . .
Aus meinen Kindertagen leuchtet er
Herüber; im Gewühl des lauten Tag's oft
Flammt plötzlich er vor meinen Augen auf,
Und seine roten Blumenglocken nicken,
Von seiner wundertiefen Einsamkeit
Erzählen mir die stolzen Königskerzen!
Und meine Arme breit' ich dann nach ihm
Wie einst — feucht quillt's wie damals mir im Auge —
Der einz'ge Weg ist's, den ich segnen kann,
Der herrlichste — der, den ich nie betreten!

Weltanschauung.

—:—

Jüngst frug man mich — noch denk' ich dran
Mit Angst und wenig Erbauung —
Man frug mich — nun, daß ich's offen sag',
Nach meiner Weltanschauung!

Ein spindelbein'ger Pessimist
Pries Hartmann und Schopenhauer,
Für Hegel schwärmte ein trockner Jurist,
Und für Büchner ein dicker Brauer;

Kurz, jedermann schien Philosoph,
Jede Zunge begann zu kämpfen,
Und Michels Sprache wand sich wie toll
In dialektischen Krämpfen.

Mir selbst ward es gar schwül zu Mut';
Allein, da half kein Verstummen,
Mit unerbittlichem Ernst begann
Der ganze Chorus zu brummen.

Der riet mir, jeden Gedankenblitz
In ein System zu zwängen,
Und jener, das Flügelkleid Poesie
An den Nagel der Weisheit zu hängen.

Der liebenswürd'gen Hausfrau erst
Gelang es, mich zu erretten,
Doch den ganzen Abend träumte ich
Von Gedanken=Prokrustesbetten ...

Verstört und grollend wachte ich auf,
Schon sah der Tag in mein Zimmer,
Und durch die hohen Fenster quoll
Der Sonne leuchtend Geflimmer;

Sah des Lenzes duftende Blumenpracht,
Kamen schmeichelnde Lüfte geflogen,
Und mit ihnen ein schwirrender Flammenpfeil
Von Apollons klingendem Bogen —

Er traf! Und wie immer sah ich die Welt
Erhaben und ohne Schranken,
Wie Seele und Leib vermählte sich
Die Form mit dem hehren Gedanken,

Zu leuchtenden Höhen trug's mich empor,
In ein Meer von seligen Gluten,
Und wie die Natur, so durfte auch ich
Im Schaffensdrang jubeln und bluten.

Wer die hohe Erzeug'rin durch Brillen beguckt,
Wird ewig an Stückwerk kleben —
Mit ihr zu schaffen und bilden wie Gott,
Hat sie nur dem Künstler gegeben!

Zigeunermusik.

—·•·—

1.

Ein Vagabundenlied .... es klingt
Herauf zu meinem Fenster,
Und zaubert bei helllichtem Tag
Herein mir die alten Gespenster.

So hold ist's draußen: ein Apfelbaum
Wiegt den rosigen Blütenschimmer,
Ein Vöglein zwitschert wie im Traum,
In Goldglanz badet mein Zimmer.

Warum in dieses Frühlings Schoß
Ist mir nur ein Glück nicht eigen?
Was packt mich so wild und heimatlos
Bei eurem Gesang, ihr Geigen?

2.

Irgendwo, irgendwo
Hab' ich mein Glück begraben —
Helft suchen mir, helft suchen mir,
Ich muß es wieder haben!

Ich kenn' das Grab, ich kenn' das Grab:
Ein Rosenstrauch welkt inmitten,
Mein Liebster geht darüber hin
Mit langen, harten Schritten!

Nun blüht in meiner Heimat
Der weiße Primelgrund,
Blauveiglein und Himmelschlüssel
Durchsticken ihn duftig und bunt.

Von gold'nen Mücken schwirren
Die Lüfte um mich her,
Die Donauwellen singen —
Das Herz wird mir so schwer!

Ihr müden, müden Augen,
So könnt ihr weinen doch?
Hier bin ich ein Kind gewesen —
Ich wollt', ich wär' es noch!

4.

Was zucken die braunen Geigen
So seltsam in Eurer Hand?
„Wir haben darüber als Saite
Ein Menschenherz gespannt!

Ein armes, närrisches Herze
Zergeigen wir Stück für Stück —
Das lacht in seinem Schmerze,
Und weint in seinem Glück!"

5.

Jeder Weg hat seine Kröte,
Jede Liebe ihre Pein,
Aber wenn ich diese töte,
Steh' ich auch allein.

Was des Daseins schlimmste Nöte
Drollig macht und klein,
Ist, daß niemand ohne Kröte
Glücklich hier kann sein!

Nun laß die Liebe! In der Luft
Liegt es wie Hyazinthenduft,
Klingt es wie Raserei —
Das Leben ist ein frecher Tanz,
Nur wer verachtet, hat es ganz,
Und klagt nicht, wenn's vorbei!

Tokayer füll' mir den Pokal —
Daß ich das Gift nicht seh' im Mahl,
Betäube mich der Wein!
Gott sei's geklagt, nach diesem Tanz
Wird ja mein armes Herz auch ganz,
Ja ganz zertreten sein!

Kassandra.

Wen immer der Weihekuß
Der Muse durchschauert, die Flamme
Der Sehnsucht verzehrt und Apollons klingender Pfeil
Bis tief in die Seele verwundet — ihm ward
Kassandras Los — ward der grausam=düstere Fluch
Als Seher einsam unter Blinden zu wandeln,
Und leuchtender Tritte Spur
In den Kot der Gemeinheit zu graben!

Von solchen Lippen tönt's
Wie Sphärenklang — doch ach,
Kein Herz im Kreise der Sterblichen,
Das ihre Sprache verstünde,
Kein atmend' Geschöpf, das treu
Und wandellos ihren Offenbarungen lauschte!
Vor solchen Augen flammt
Die Unendlichkeit auf, und solchen Lippen lächelt
Die Schönheit, strahlt die Erhabenheit, oder winkt
Das Schicksal in Gestalt der entschleierten Zukunft ...

Doch wendet, noch gottestrunken
Und jauchzend, sich der Prophet
Den Sterblichen zu, um ihnen,
Ambrosia auf den Lippen,
Ein Fünkchen des Himmels zu spenden — weh', da verletzt
Der rohe Undank des Pöbels
Sein priesterlich Kleid, oder trifft
Das wiehernde Hohngelächter der Gemeinheit
Verwundend wie ein Dolch sein zuckend Herz!

Entsagung.

—•—

Wie Du mich im Arm gehalten,
Wie Du mich ans Herz gedrückt,
Küssend meines Kleides Falten,
Lipp' und Wang' mir ... weltentrückt
Heiße, irre Worte hauchend,
Während satt der Mund sich trank,
Schwindelnd ineinandertauchend
Seel' in Seele uns versank —

Ah — noch brennt es mir im Blute,
Dieses freveltrunk'ne Glück,
Stieß ich auch mit starkem Mute
Und entsagend es zurück!
Die beredt ich und besonnen
Von mir wies, mit stolzem Mund —
Nächtlich ring' nach diesen Wonnen
Seel' und Hände ich mir wund!

An den Schmerz.

—•—

Ich habe ihm nachgesonnen,
Dem grausamen Rätsel des Seins,
Ich habe ihm nachgesonnen
In schlummerlosen Nächten
Und schmerzdurchfieberter Jahre
Ächzendem Kreislauf.

Was menschliche Thorheit Glück
Und Wonne getauft und Verblendung
Dem Mahle der Götter entrungen zu haben wähnt —
Es trat auch mir entgegen.
Doch ach! Der Fluch der Erkenntnis
Behaftet mein düsteres Aug'
Und was in bacchischer Tollheit
Die Menge als Freude genießt,
Es hat mich immerdar
Als Qual und Elend durchschauert.

Das Märchen der Ewigkeit nur
Versüßt der Nektar des Glückes,
Doch über unsrem Stern
Und dem Staub der Vergänglichkeit brütet
Der Schmerz ... zu seinen Füßen
Verblutet was da lebt,
Und wer in thörichter Seele
Noch glücklich sich wähnt, wer noch hoffen
Und flammende Wünsche nähren mag, den hat

Sein schlimmster Trank für immerdar vergiftet,
Denn Wahnsinn heißt sein Ziel,
Verzweiflung seine Beute,
Und friedlos sein Fluch.

O Schmerz, bleichwangiger Genius,
Der finsteren Blickes mir
So frühe schon genaht —
Mit zuckenden Fingern hast
Mein junges Herz du zerrissen,
Mit eherner Sohle mir
Die knospende Frühlingssaat
Der ersten Wünsche zertreten
Und wunschlos mich gemacht.
Ein treuer Quäler kamst du
Zerstörend Nacht für Nacht
Ans Lager deines Opfers;
Und neigtest dich zu mir,
Und flüstertest
Und starrtest mich an mit deinem hohlen Auge.

Und ich — ich bäumte mich auf, ich rang mit dir
Und suchte thöricht zu wahren,
Was mir des Tages Trug
An faulem Glücke beschert,
Und hing die Riesenlast meiner Sehnsucht
Ans Spinnengewebe der Endlichkeit
Und griff, nach einem Unendlichen dürstend,
In den Aschenkrug des Todes hinein,
Bis müde und hilflos ich
Zusammenbrach und mit glühender Lippe du
Den letzten Tau des Verlangens
Von meiner Seele trankst.
Dann gabst du leise, leise mich endlich frei —

Und dann — o sei gepriesen, heiliger Quäler!
Dann wich der Bann der Endlichkeit
Von mir und befreiend durchstrahlte mich
Zum erstenmal die Sonne des Glückes.

Zu meinen Füßen brandet nun,
Ein schmutziger Wirbel, die Flut des Lebens;
Doch keine ihrer Wellen
Benetzt meines Kleides Saum,
Und zwischen Himmel und Erde —
Nach jenem nicht begehrend,
Und diese kaum beachtend,
Durchwalle ich die Zeit.

Wer deine Weihe empfangen,
O hehrer Genius, nimmt
Als Sterblicher schon am Reiche der Götter teil.

Auf Golgatha spanntest du einst
Den Größten als Bild der Menschheit
Ans Kreuz — und sieh, vor dem Dulder
Versanken die Götzen des Wahn's,
Erblich der Märchenschimmer
Hellenischer Daseinslust!

Wohl jedem, der wie er,
Ans Kreuz des Schmerzes geheftet
Und dornengekrönt wie er
Zur Erde herniederlächelt,
Die schal und wesenlos
Vor seinen Blicken zerrinnt.
Er stirbt als Gott und haucht
Mit wonneverklärtem Antlitz
Das seligste aller Worte: „Es ist vollbracht!"

Dem Freund.

— ·•· —

Belebend hat Dein Wort mein Herz durchdrungen,
Und dort befreit den gold'nen Strom der Lieder,
Ich fand mein Glück und meine Ruhe wieder,
Und was ich je gefühlt, ich hab's gesungen!

So habe ich den finstern Geist bezwungen,
Der mich umrauscht mit nächtlichem Gefieder,
So hab' ich in der Wonne meiner Lieder
Begeistert mich zum Licht emporgeschwungen!

Du aber hast getreu und ohne Zagen
Von Angst und Sorge meine Brust befreit,
Jedwedes Erdenleid für mich getragen.

Und weil an solchen Herzen arm die Zeit,
Versäum' ich nicht, vor aller Welt zu sagen:
Die Hälfte meines Ruhm's sei Dir geweiht!

Untersberg.

— • —

O Berg,
Lieb mir vor allen Gipfeln,
Die himmelstrebend um dich
Aufragen — wie schön bist du,
Wenn im feinen Goldstaubglanz
Der Mittagsschwüle
Verklärt
Herüber du grüßt aus blauer, duftiger Ferne!

Deiner Hänge Grün,
Deiner Schluchten purpurne Tiefen,
Deine Zinken, so frei und kühn
Geschwungen — der Alpensee
Und dem Mutigen nur ein leuchtender Thron — wie grüßen
Hernieder sie, und locken, und winken: „Empor!"
Wie Schwäne segeln
Die Wolken um dich, und sinken
Hernieder dann, in blendenden Hermelin
Deine Schroffen kleidend — indes
Zu Füßen dir
Die Ebene träumt,
Und lachender Matten Grün
Sich kräuselt unter dem Schmeichelhauch des Westwinds.

Du aber
Liegst feierlich da und groß,
Deiner edlen Linien Schwung,
Die eines Antlitzes
Erhabene Bildung zeigen,
Ins Blaue meißelnd — so recht
Ein ruhender Gigant,
Der seinen Frieden geschlossen
Mit Gott und den Menschen, und
Empor nun träumt in leuchtende Höh'n: der Sonn'
Und dem Adler nur nah,' und den Blicken stiller Wand'rer,
Die deiner Einsamkeit
Einer seligen Stunde Geheimnis
Vertrauen und dann weiterzieh'n, wie ich!

Zauber.

—•—

Ich hab' viel süße Stunden
Verträumt in Deinem Arm,
Hab' manchen Schmerz verwunden,
Verscherzt drin manchen Harm;

Ob jäh auch meine Weise,
Und laut mein Schmerz und schrill —
Du legst um mich ihn leise,
Und in mir wird es still.

Und wie von Silberlyren
Ein Klang, schmilzt hin mein Harm —
Nicht hassen und nicht irren
Kann ich in Deinem Arm!

Römischer Sonnenuntergang.

Hinstirbt die Sonn' in tausend blut'gen Funken,
Ein kampfesmüd' veratmender Titan —
So bist, o Rom, auch du dahingesunken,
So brach auch deines Tages Abend an!

Vom fahlen Glanz der Dämmerung beschienen,
Wie bleich dein schmerzgeadelt Angesicht,
Wie traurig deine sinnenden Ruinen,
Draus noch die Stimme deiner Größe spricht!

Gewitterzeichen ragen sie zum Himmel,
Geknechtete Titanen — keck verhöhnt,
Wenn über ihren Häuptern das Gebimmel
Der Abendglocken süßlich=weich ertönt.

Solch' große Tage und solch' ehern Wollen,
Und dennoch, dennoch heute alles Staub,
Verblutet, überwunden und verschollen —
So lebt die Zeit von stetem Mord und Raub.

Wie klein schrumpft hier mein eig'nes Weh zusammen,
Welch' Majestät in diesem stummen Leid —
Wo solche Sonnenuntergänge flammen,
Wird jede Menschenseele still und weit!

Capella Sistina.

1.

Durchs Herz des Lebens geht ein Sehnsuchtsschauer,
Und über sich hinaus schafft es den Geist,
Den Reinen, Ewigen, den es in Trauer
Und Wonne bang zu sich herniederreißt.
Es träumt Vollendung ... und in heißem Ringen
Strebt's aufwärts, aufwärts — seinem Traume nach,
Und die Begeist'rung leiht ihm Riesenschwingen —
Abstreifen will der Mensch des Tieres Schmach,
Zerreißen, was an die Natur ihn kettet,
Entgegenstemmen sich dem irren Lauf —
Wie auch die Blinde rast — er ist gerettet,
Denn in ihm schlug sie groß die Augen auf!

So wähnt er — und schon hat der Streit begonnen —
Ein wilder, banger, fürchterlicher Streit —
Sie schuf derweilen lächelnd neue Sonnen,
Er ward zum Narren der Gottähnlichkeit!
Und Du, o Meister, hast es festgehalten,
Dies Ringen, grauenhaft, dämonisch-groß,
Aufbäumt es sich in Deinen Machtgestalten —
Dann sinkt's zurück: zerschmettert, hoffnungslos!
Nicht jeder wird aus Deinem Bilde lesen,
Was ich drin las — nur wer sich selbst erkannt,
Nur wem das Leben mehr als — Zeit gewesen,
Dem reichst Du, wie Gott-Vater, hier die Hand!

2.

Geschaffen und schon schuldig — siehe — schuldig,
Weil stolz er nach Gottähnlichkeit gestrebt?
Weil Gottes Ebenbild sich ungeduldig
Um Gottes Macht beworben? Überhebt
Sich Gleiches Gleichem gegenüber? Nimmer!
Hier klafft der Riß, abgründig, schauertief,—
Als wir um Gott verlassen sie für immer,
War es Natur, die „schuldig" in uns rief.
Und wir „erkannten uns", und in die Vließe
Erwürgter Tiere hüllten wir die Scham;
Der Hochmut trieb uns aus dem Paradiese,
Und Krieg war zwischen ihr und uns! Sie nahm
Vom Auge uns den Segen ihrer Blindheit,
Und aus dem Leib die frohe Urgewalt,
Vom Mund das Lächeln sorgenloser Kindheit —
Wir wurden „gut und bös", und „jung und alt . . ."
Doch über uns stand nun der Himmel offen,
Und anhebt, was da Weltgeschichte heißt —
Dein fieberirres Ringen, Träumen, Hoffen,
Dein töblich Trauerspiel, o Menschengeist!
Vom Fall zum Siege und vom Sieg zum Falle,
Nun gottverlassen und nun gottgehegt,
Doch elend, trostlos, keuchend, alle, alle,
Soweit ein Auge weint, ein Herze schlägt!

Doch Weise sieh, erstehen und Propheten,
Und Wunder wirkt der Geist statt der Natur,
Und zwischen Angst und Schmach und Qual und Nöten
Hindurch, zieht unentwegt die Sonnenspur
Des Glaubens . . .
                    Der Sibyllen Augen flammen,

Vor sich hin träumt Jesaias ahnungsschwer,
Von allen Lippen les' ich einen Namen,
Und Sehnsucht geht vor dem Erlöser her,
Wie einst vor Israel die Feuersäule . . .
Noch glaubt die Menschheit an sich selbst, noch schreit
Sie bang nach Reinheit, Wahrheit, nach dem Heile,
Nach der Vollendung ihrer Prüfungszeit.
Aus ihrem Schoße will sie ihn gebären,
Und kreißt in Weh'n und windet sich in Scham,
Und stöhnt, und fühlt die alten Wunden schwären —
„Erlöser, willst Du kommen?"

Und er kam . . . .

3.

Aufbirst der Himmel, die Posaunen dröhnen,
Hernieder prasselt es gewitterschwer,
Durchs Herz der Erde geht ein dumpfes Stöhnen —
Als Richter naht ihr Traum heut', naht ihr Herr:
Der Glaube an sich selbst! Er hat geblutet
Auf Golgatha, ward tausendfach in Rom
Zerfleischt, ertrug, von Wunderkraft durchglutet
Den Hohn, die Qual, und floß dann wie ein Strom
Durchs Herz der Menschheit. Hat er's auch durchdrungen,
Gereinigt und geheiligt ihre Hand?
Die Fesseln abgestreift, die wie gezwungen
Sie trug und als des „Tieres Schmach" empfand?
Blick' hin: die Erd' giebt ihre Kinder wieder —
Aufklafft sie, schauerlich, wie die Natur
Im Menschenherzen! Häupter, Knochen, Glieder
Speit sie hervor und Fleisch gebiert die Flur!
Und düst're Augen stieren scheu nach oben
Und Heuchelei erbebt vor dem Gericht,
Und wer im Leben stolz den Blick erhoben,
Der schlägt nun bang' die Hände vors Gesicht.
Und Große werden klein, und Masken fallen,
Und Feige taumeln in die Gruft zurück,
Und Zungen, die einst kühn gepredigt, lallen,
Und wie Verwesung löst sich Stück für Stück
Das Märchen der Gottähnlichkeit vom Leben,
Wie Fleisch sich von den Knochen löst und fällt,
Und die Blutzeugen um den Richter beben,
Die Wen'gen, die sich nie der Schmach gesellt,
Heut' stempelt sie die Gattung selbst zu Narren —
Und wär' ihr tausendmal der Richter nah:
Noch Milliarden zählen ihre Scharen,
Und durch den Weltraum lacht es: „Hahaha —

Umsonst!"
Und die Gerichteten erschauern,
Und zwischen Erd' und Himmel heimatlos,
Seh' ich die nagende Verzweiflung kauern —
Gespenstisch-stumm, unheimlich, riesengroß . . . . .

O schreckhaft Bild, gleich einem Traumgesichte
Die Grau'ntragödie des Ideals
Erzählend, wirst du jedem zur Geschichte
Der eig'nen Himmelfahrt — des eig'nen Fall's!

Campagna-Gewitter.

— • —

Auf Wolken schwer und finster
Jagt der Scirocco ins Land;
Schwül duftet um mich der Ginster
Im brennenden Heidesand.

Vom Leuchten ferner Gewitter
Ein Schimmer herüberzuckt —
Starr wächst in das fahle Gezitter
Der alte Aquädukt.

Und plötzlich hör' ich's gellen
Ins schweigende Land hinaus —
Das sind nicht des Sturmes Wellen,
So naht einer Schlacht Gebraus!

Die ehernen Tuben schreien,
Die Kämpfer brüllen auf,
In schemenhaften Reihen
Umwogt es mich zu Hauf.

Und über den irren Klängen
Und der rasenden Kämpferschar
Schwebt, den Sieg in gierigen Fängen,
Der gold'ne Römeraar!

Ich seh' ihn kreisen — jetzt schnellt er
Herab — da wach' ich auf:
Der lobernde Blitz, dort fällt er,
Der Donner wirft sich drauf;

Die Erde dampft, es erzittert
Im Nachhall leis' die Luft,
Wo der Tod herabgewittert,
Qualmt süßer Weihrauchduft . . .

Und wie die Flöre sich heben,
Seh' in weißem Wolkengewand
Ich Cäsars Schatten schweben
Über sein heiliges Land!

Römisches Straßenbild.

Lumpen nur! Doch togamäßig
Wirft er sie um Lend' und Arm,
Und so steht und blickt er lässig
In des Volkes lauten Schwarm.
Sieht die Welt vorübertreiben,
Hasten wild nach Gut und Ehr',
Diesen siegen, jenen bleiben —
Ruhig, schicksallos lehnt er
Am geborstenen Getrümmer
Stolzer Bauten, die voll Pracht
Einst geleuchtet, Romas Schimmer
Weithin kündend, Romas Macht.
Vielleicht lehnte seinesgleichen
Damals schon an diesem Thor —
Es zerbarst, doch seinesgleichen
Sieh, lehnt heute noch davor.
Wo Cäsarenkronen rosten,
Alles sank in Schutt und Ruß',
Kommt der Lump auf seine Kosten,
Und pfeift sich ein Lied dazu.
Und die Schelmenaugen funkeln,
Während sorglos er genießt,
Als dächt' er gleich jenem dunkeln,
Weisen Hellas': „Alles fließt . . . ."

Licht.

(Nach dem gleichnamigen Bilde von Gabriel Mae.)

Sie hat geglaubt, was sie doch nie geseh'n —
Und Licht ward es in ihrer Seele —
Den Schmerz, den Tod ließ sie vorübergeh'n
An sich, und sprach: „Ich werde aufersteh'n;
Ob mir, geblendet, auch das Auge bricht —
In mir ist Licht!"

Nun ruht zu Füßen ihr die Palme grün,
Die Lämpchen brennen ihr zur Seite —
Daß in der Katakombe Nacht sie glüh'n
Den Brüdern, sorgt die Blinde treu .... es sprüh'n
Die Flämmchen um sie her, sie sieht es nicht,
Und reicht doch Licht!

Heimkehr.

Der Heimat Ufer! Fern' dort taucht es auf,
Herüberwinken blau schon seine Berge.
Und sie, die müd' der Welt und ihrer selbst
Dort heimkehrt, Jugendreiz noch auf der Stirn,
Des Lebens Bitterkeit im Herzen, tief
Im Aug' sein qualgeläutertes Verständnis,
Das blasse, schlanke Weib, das keiner Freud' mehr
Entgegeneilt, weil es gelernt, daß wir
Mit Thränen jeden dieser Schritte zahlen —
Sie hebt sich plötzlich, wie von Zaubermacht
Aus einer Agonie emporgerissen . . .

Doch rasch nicht ist ihr Schritt: zag, tastend fast,
Als läge zwischen ihr und jenem Ziel,
Das dort herüberwinkt mit seinem Frieden,
Ein Abgrund. Und von sich streckt sie die Hand,
Die kleine, die so tapfer war im Leben,
Wie schwindelnd nun — der Kindheit rührende
Bewegung, die uns bleibt aus jenen Tagen,
Da zwischen uns'rem ersten Schritt und Fall
Wir noch der Mutter Kleid erhaschen konnten.

Ein Glück, ein langverlorenes, das sie tot
Geglaubt, wie jedes andre, macht sie schwindeln,
Die Heimat dort! Dies kleine Stückchen Land,
Das, ob auch Welten hinter ihr versanken
Wie Truggebilde, treu sich ihr bewahrt!

Und in die Augen, die schon lang das Weinen
Verlernt, tritt heiß der Thräne Segen ihr,
Fest an die Brüstung klammert ihre Hand sich,.
Die Lippen lächeln wie im Traum, die Luft
Wird süß um sie vom Dufte aller Knospen,
Die einmal ihr geblüht .... wie sie zuerst
Die Welt sah, liegt sie wieder da, jungfräulich,
Und giebt ein neues Dasein ihr zurück,
Das keuscher Farben Schmelz trägt ....

       Leise singt
Die Woge unter ihr — die Segel schwellen —
Zum zweitenmal hört sie ihr Wiegenlied!

Märchen.

— · —

Ein Märchenbuch — ein heilig Buch!
Wohl Dir, wenn für die Blindheit
Des Seins Du einen Zauberspruch
Gerettet aus der Kindheit.
Was auch das Leben Dir geraubt
An Hoffnung und an Liebe —
Hast Du an Märchen einst geglaubt,
Wird's niemals um Dich trübe!

Verraten kann mit herbem Spott
Ein Freund Dich sonder Reue,
Verlassen kann Dich selbst Dein Gott,
Und falsch sein Lieb' und Treue;
Doch ob auch alles Dich verließ —
Solch alten Märchenblüten
Entsteigt es wie ein Paradies,
Das Cherubim Dir hüten:

Gerührt nimmst Du nach ihm den Flug
Und schwelgst in sel'gen Wonnen,
Wenn unter Dir der schnöde Trug
Des Erbenglück's zerronnen.
Es hat Dir unbefleckt das Einst
Bewahrt, wie einen Segen,
Du darfst das Haupt, auch wenn Du weinst
In seinen Frieden legen!

Was Du geträumt, hat es bewahrt,
Und lehrt Dich wieder träumen,
Nach alter, toller Kinderart,
Der alle Becher schäumen;
Wie auch das Leben Dich geknickt,
Ernüchtert und gebrochen —
Frisch in dies Märchenland geblickt
Und dann — „Glück auf!" gesprochen.

Ein Märchenbuch — ein heilig Buch!
Wohl Dir, wenn für die Blindheit
Des Seins Du einen Zauberspruch
Gerettet aus der Kindheit!
Was auch das Leben Dir geraubt
An Hoffnung und an Liebe —
Hast Du an Märchen einst geglaubt,
Wird's niemals um Dich trübe!

Bienen.

Durch off'ne Fenster zog die Frühlingsluft
In mein Gemach, den Duft des ersten Grüns
Herein mir tragend, und die warme Goldflut
Des Licht's. Von fleiß'ger Hand gereinigt, blitzten
Die Scheiben auf, der Ampel Bronzebehang,
Des Spiegels blanke Fläche; und die Ecken,
Darinnen grau solang' des Winters Dämm'rung
Gehaust, sie lagen frei, ein Tummelplatz
Dem Licht, das seine gold'nen Schmetterlinge
Nun keck dort spielen ließ. Der Boden nur
War noch zu bohnen; doch schon duftete
Vom Wachs er, das die Hand der wackern Alten,
Die mir ihn pflegt, zerstrich. Gern' plauder' ich
Mit ihr, die sich trotz Müh' und Not noch immer
Den Kindersinn der Wienerin bewahrt,
Und munter mit der Hand die Zunge geh'n läßt.

So stand ich heute auch bei ihr; da — eben
Verklang der Glocken Mittagsgruß — begann
Es wirr um uns zu summen. Und was sah
Aufblickend ich? Ein ganzer Schwarm von Bienen
Erfüllte mein Gemach! Herbeigelockt
Vom süßen Duft des Wachses, schwirrten sie
Herein, umsummten und bedrängten uns.
Der Lenz, der sie dem starren Winterschlaf
Entrissen, bot noch keine Blüten; doch
Des Sommers ganze Blumenfülle hauchte
Sie an aus diesem Duft, und die Erinn'rung

An eines ganzen Jahres Mühe. 's war
Ein Stück von ihrem Leben, das sie da
In fremder Stube plötzlich fanden — und
Erregt begehrten sie's zurück, und schwirrten
Am Boden hin mit zornigem Gesurr,
Berochen und betasteten die Fläche,
Und blieben leer doch! Rührend war's zu seh'n,
Und mußten wir auch ihrem Stachel weichen —
Wir lachten — denn wir fanden sie im Recht!

Von ihrem Treiben glitt mein Blick zur Alten,
Die mir zur Seite stand. Wie dort die Flügel
Der Bienen, schimmerten im Sonnenlicht
Auf ihrer falt'gen Stirn des Schweißes Tropfen —
Und hart stand plötzlich vor der Seele mir
Der Unzählbaren Loos, die Jahr um Jahr
Sich müh'n und werken, emsig wie die Bienen,
Und ihres Lebens ganze Ernte doch
In fremden Speichern oder Stuben finden
Zuletzt. Wenn heut' sie kämen, angelockt
Vom Hauch des eig'nen Schweißes, wie die Bienen,
Wer sähe sie im Recht? Und doch begehrten
Sie mehr nicht, als das kleine Tierchen hier:
Ein Teil von dem, was ihre Müh' geschaffen!

... Mein Blick ward trüb; ich lächelte nicht mehr.

Auferstehung.

Über den Grüften flammt ein Tag,
Den alle Sprachen nennen —
Was unten in Nacht und Banden lag,
Hat seinen Auferstehungstag,
Dem ew'ge Lichter brennen!

Über den Grüften flammt ein Tag,
Der reißt die Kreuze zur Sonne,
Wie tief auch die Tiefe bergen mag,
Es kommt der Auferstehungstag,
Und wandelt Qual in Wonne!

Über den Grüften flammt ein Tag,
Dem Dichter und Propheten.
Geblutet mit jedem Herzensschlag —
Der große Auferstehungstag,
Den alle Völker beten!

Über den Grüften erst flammt der Tag,
Doch Not und Wahrheit und Sorgen,
Was unten gequält und zertreten lag,
Erschauert schon jetzt dem großen Tag,
Und kommen wird auch sein Morgen!

Dann liegt das Unrecht bloß dem Tag,
Und bebt vor dem eig'nen Namen —
Und daß es also geschehen mag,
Das betet am Auferstehungstag
Ein Mensch und Dichter .... Amen!

Teufelsträume.

— • —

I

Er blieb mir immer nah' .... Wie viel der Götter
Mein Denken auch verbaut, wie viel an Wahn
Und Glauben ich von mir gewiesen, reulos,
Zu stolz, ein Lotophag des Trugs zu sein —
Kampfhungrig, sinnendurstig, nach dem Leben
Begehrend, wie es in mir aufschrie, und
Bereit, lieber die Hölle einzuhandeln,
Die Hölle, die da „Selbsterkenntnis" heißt,
Als einer Lüge bodenlosen Himmel,
Ein Siechen=Paradies, drin welke Kraft
Und müd' hindämmernde Gehirne feiern,
Und selig thun .... Er blieb mir immer nah'!
Und seltsam war's, zu seh'n, wie er allein
Sein düst'res Rätselhaupt emporhob aus
Der Sintflut meiner zornigen Gedanken,
Die höher stieg und immer höher: erst
Der Kindheit unschuldvolle Friedensstätten
Hinwegspülend; die Tempel dann, darin
Im Flitterstaat die steifen Götzen thronen,
Die wir anbeten, weil die Mutter es
Gethan, die uns gesäugt und jene Größ're,
Die uns'rer Mutter Mütter aufgesäugt:
Vergangenheit, die welke Menschheitsamme.
Hoch über ihre Tempel ging die Flut ...
Drauf meines eig'nen Herzens Heiligtümer
Begann sie zu bespülen — kalt, eiskalt,

Daß mich ein Grau'n durchschüttelte, wie ich
Allmählich die verschwinden sah, und jene
Als Strandgut auf den Fluten treiben: Alle
Lebendig einst, und Teile meines Ichs —
Nun Leichen . . . und die Flut stieg höher, höher!
Schon zwischen meines einst'gen Glückes Trümmern,
Und dem Gebälk der Tempel meiner Götter,
Und meiner Ideale krampferstarrten
Leichnamen trieb frei meine Arche hin —
Doch er blieb nah' mir: aus der Ebene
Des Oceans, der über Ideale
Und Götter seine schwarzen Wogen rollte,
Eintönig, hob er gipfelstolz das Haupt,
Wie damals aus dem Meer der Engelscharen
Er's hob, unüberwindlich, da Jehovah
Die weiten Himmel frug: „Wer ist wie Ich?!"

II.

Ich aber — wie an einer Krankheit litt ich
An ihm, der Qual mir war, und doch auch wieder
Geheime Leidenschaft, darin ein mystisch
Begehren fremd mit angebor'nen Schauern
Sich paarte, und mit einer Sehnsucht, die
Ich liebte, scheu und heiß wie einen Frevel.
Um mich schien er zu sein, wo ich auch ging,
Ein ungeseh'ner, doch empfundner Schatten,
Dem Form zu geben und Gestalt ich rang.
So nah' oft schien er, daß mir war, als fühl'
Ich seiner Atemzüge Geh'n und Kommen,
Und müß', kehrt' ich ein wenig nur das Haupt,
Ihn lächeln sehen, über meine Schulter
Hinweg . . . Zumeist dies Lächeln quälte mich,
Dies ungeseh'ne, und doch ahnungsvoll

Geschaute! So viel Freiheit lag darin,
Und ein wollüstig königliches Glück,
Das froh in stolzer Einsamkeit sich sonnte,
Und Mut hatte, reulosen, unbeirrten
Despotenmut . . . .
        Wer also lächeln konnte,
Der hatte viele weinen schon gemacht —

Ich fühlt' es wohl, und haßte ihn darob,
Wie Sklaven und Getret'ne Freie hassen,
Und Schwache Starke. Doch wenn aufgelöst
Ich lag im Bann des Schlummers; wenn nach innen
Die Sinne all' sich kehrten und aufschrie'n
Wie Hungrige; das Blut Haschisch ward, und
Machtlos, wie ein Betrunkner, das Bewußtsein
Just auf derselben Schwelle lag, die sonst
Erbebt vom Echo seiner Büttelschritte —
In dieser Stunden Ohnmacht riß er mich
Vom Lager auf, gewaltig, wie Traumwandler
Des Mondes Strahl emporzieht. Nacht für Nacht
Geschah mir so. Nicht daß im Traum er schreckhaft
Vor mich hintrat — sein Kichern nur vernahm ich,
Ein leis' anlockend', wunderliches Kichern —
Und seinem Schalle folgt' ich Schritt für Schritt,
Neugierig, mit scheu angezog'nem Atem.

Stets führt' es vor dieselbe Thüre mich,
Verschlossen war sie — doch dahinter saß er —
Ich mußt' es wohl, hob meine Hand auch nie
Zur Klinke sich, denn feig sind Händ' und Augen,
Bewußtseinsknechte! Tapfrer war mein Ohr:
Das lauschte gierig, lüstern, bis die Seel'
Sich frug: „Wie mag der drinnen sich vergnügen?"

Und sieh': wofür ich wachend ihn gehaßt,
Im Traum begann ich drum ihn zu beneiden!

Einmal so auflachen können — ah —
Ein einzigmal nur — unbekümmert, reulos ...
Und plötzlich schien dies Lachen mir ein Gut,
Ein großes, herrliches, darum die Menschheit
Betrogen ward, oder sich selbst betrog,
Und noch betrogen wird, und das sie heimlich
Zurücksehnt, vor verschloss'nen Thüren lauernd,
Wie ich ....
    Wenn sie versuchte, so zu lachen?
Wenn ... Und ganz heimlich quoll's dann in mir auf,
Als woll' es sich zu jenem Klang verdichten.
Doch — da verstummte er — und plötzlich war mir,
Als säh' ich ihn, wie er, vor sich hinlächelnd
Das Haupt neigte, um mich nun zu belauschen ....

Entsetzt, in Schweiß gebadet wacht' ich auf.

III.

Ob je ich's wage, jene Thür zu öffnen?
Feig sind wir, Knechte, selbst wo wir begehren!
O pfui der greisenhaften Lüsternheit,
Dazu die Leidenschaft in uns entmannt ward,
Der Freiheit, die als Bagnosträfling wir
Tagtäglich mit den Ketten rasseln hören,
Und lachen nicht dazu, und bleiben ernst,
Und staunen, Vaterstolz im blöden Auge,
Der Sitt' und Nützlichkeit Homunkel an!
Sind sie nur herdentüchtig! Keines andern
Vorzug's bedarf es, wo so allgemach
Zur Tugend sich die Wolle hat vervollkommt!

Ich dacht' es, und entschlief — entschlafend noch
Mich fragend: „Wie mag jener sich vergnügen?"

Da kam ein Traum hold dämmernd über mich,
Ein Traum, wie keiner noch mir Sinn' und Seele
Entzückt: Ein fremdes Land sah ich, fremd mir
Bis auf die Töne, die ans Ohr mir schlugen,
Bis auf die Farben, die mein lechzend' Aug'
Berauschten. So dem ersten Blick erschien es,
Der wie betäubt aufging in brünst'gem Schau'n,
Und tief einschlürfendem Genuß. Allmählich
Erkannt' ich erst die Farben meiner Welt;
Nur daß sie and're Dinge färbten, als
Dort oben, wunderlich vertheilt mir schienen,
Und doch so wahr hier wirkten, daß beschämt
Als Unnatur sich plötzlich die Erinn'rung
Empfand. —
   Da lag ein rosenfarb'ner See,
Krystallhell bis auf seinen Grund. Stahlblaue
Reflexe, und grün gold'ne huschten leis'
Wie Schemen über seine Fläche, und
Ein Klingen ging von seinen Wogen aus.
Phantastische Gewächse wucherten
Längs seiner Ufer: Riesenblumenkelche,
Die wie Fühlhörner ihre Staubfäden
Ins Naß der Fluten tauchten, tastend, saugend
Und schlürfend, in wollüstigem Genuß.
Dahinter hoben schwarze Marmorfelsen
Wie Festungsmauern sich, steil abfallend,
Und pfadlos — weltausschließend, weltverachtend.
Doch wo zum einz'gen Durchblick sie sich theilten,
Da brach's herein, wie eines unbekannten
Gestirnes Lichtflut, blendend, sinnberückend,
Das Sonnencentrum, das den Dingen rings
So eig'ne Farben lieh, und doch sich selbst
Verbarg, geheimnisvoll, unnahbar, wie
Ein Gott im Strahlenkleid des eig'nen Licht's . . .

Und aufschrie plötzlich heiß in meiner Seele
Ein Wunsch: die Sehnsucht, dort zu sein, entgegen
Zu steuern diesem Licht, das trunk'ne Farben
Ringsum zerstreute, und Empfindungen,
Die nie mein Herz berauscht, nie meine Sinne
Durchschüttelt. Sieh, und wie ich's dachte, nahm
Gleich einem Boote eine ros'ge Welle
Des See's mich auf, und trug mich schaukelnd weiter
Und weiter. Leis' klang unter mir die Flut,
Im Rhythmus einer wundersamen Weise.
Aus ihrer Tiefe aber stierten halb
Entsetzt, halb lüstern, unzählbare Augen
Zu mir empor, geheimen Neid im Blick,
Und durst'ge Glut, und eunuch'sche Trauer.
In bleichen, freudlosen Antlitzen brannten
Wie Kohlen hinter einer Maske sie —
Nur daß lebendig jede Maske war,
Daß klingend ihre Lippen sich bewegten.

„Wir wagten's nie, dem Meer des Blut's uns zu
Vertrauen!" klagten sie. „Nun schaukelst Du
Dahin, als hätt' es keine Ungeheuer
Und keine Tiefen . . . Reißt hinab sie, die
Verbrecherin!" Und ihre Arme, welke
Asketen=Arme, reckten sich empor,
Und suchten meines Kleides Saum zu haschen.
Doch kraftlos sanken sie zurück, und hell
Auflacht' ich, plötzlich ihres Neid's mich freuend,
Und ihres Zorn's, der ohnmächtiger Wunsch
Nur war, nicht mehr . . .
                          Die Welle trug mich weiter.
Vorbei an jenen Riesenblumenkelchen
Nun glitt ich, die zuerst mein Aug' berückt.
Doch sieh — nicht Blumen, Götterknäblein waren's,

Die knapp am Strand sich sonnten, derb=frohe,
Gesunde Genien! Händ' und Füß' und Lippen
Betauten wechselnd in den Fluten sie,
Und ihre Flüglein, tau'ge Falterschwingen,
Bewegten auf und nieder sich dabei,
Wie atmend. Und sie sangen:
                                        „Sei bedankt,
Daß an des Blutes Heilquell du uns wieder
Aufblüh'n läßt — deiner Sinne Genien sind wir!"

Und weiter, weiter trug die Welle mich.
Schon glitt im Feuerzauber jener Sonne
Ich hin, und nun — ha — nun erblick' ich sie:
Ein Eiland war's! Allein, selbstherrlich lag
Es da, selbstleuchtend — ein vergeff'nes Eden!

Am Saume seines Ufers aber lag,
Im Glanze ihrer gold'nen Schuppenringel
Sich sonnend, eine Schlang', gekrönten Haupt's.
Dämonisch, wie mit unsichtbaren Fesseln
Zog mich ihr wollüstiger Blick ans Land ...

Hinsank ich. Meine Lipp' nur hauchte: „Satan!"
Da streckte sich die Schlange über mich . . . . .

IV.

Es war, als wacht' ich auf aus tiefem Schlummer,
Erquickt, und sinnenfrisch und thatbereit.
Aufhorcht' ich, und ich hört' — und täuscht' mich nicht —
Aufs neue jenes wunderliche Lachen.
Nur heller klang es, und in seiner jähen
Kadenz vibrierte ein verhalt'ner Schrei.

Aufzog es mich auch heut', und jener Thür zu.
Doch sicher klang mein Schritt, nicht schlich ich mehr,
Und an mir nieder rieselte das Grau'n
Wollüstig, wie die Ringel jener Schlange.

Ein Griff — ein Druck — aufflog die Thür ... ha, träumt' ich?
Da stand ich selbst, und lächelte mich an!
Gehüllt in weiße Kleider stand ich, Rosen
Im Haar, blutrote, lebenschwellende,
Im Angesicht das Lächeln, das an ihm ich
Zuerst gehaßt, sein freies, reu'loses
Despotenlächeln ... starr zu meinen Füßen
Lag, und entseelt die Schlange jenes Traum's.

Wer war Phantom hier?
             Da nahm sie das Wort,
Die Kranzgeschmückte, die wie eine Herrsch'rin
Vor mir stand: „Sieh, nun bin ich frei!" Und auf
Die Schlange setzte sie den Fuß. „Mein Balg ist's,
Der Kerker, drin die Herde fest mich hält,
Seit für das „Wir" die königliche Freiheit
Des „Ich's" sie hingab, dort, im Paradies!
Das eigne Ich verdammte sie als Schlange,
Da kraftberauscht in ihrem Blut es aufstand
Und schrie: „Genießet, daß Ihr seid wie Gott!"
Ihm lauschend, aß vom Baume der Erkenntnis
Der Mensch — vor ihm erbebend aber floh er,
Und schämte sich der Nacktheit seiner Kraft,
Der göttlichen, und ließ die gold'nen Früchte
Am Baum des Lebens ungenossen steh'n.
So heut' wie damals thut er noch: Er schaudert,
Und giebt sich hin als Sklav' den Göttern und
Den Brüdern, und wagt nie, er selbst zu sein,
Und sieht die Schlang', wo nur sein Ich sich aufbäumt,
Und nach der Frucht am Baum des Lebens langt!

Ich geh' nun, sie zu brechen! Lang genug
Krümmt' ich im Dienste deiner Feigheit mich —
Aus meinem Weg, Gespenst!"
                                    Sie rief's, und an mir
Vorüber, schritt hinaus sie — ich hinein.

Zufiel dumpf krachend zwischen uns die Pforte . . . .

Ruhm.

Eine Legende.

Schumann, Kreisleriana.

Perſonen: Der Dichter.
Die Jugend.
Die Liebe.
Thanatos.

Scene: Ein einfaches, nach Weſten gelegnes Erkergemach, mit dem Ausblick in einen
Garten. Ein blühender Apfelbaum vor dem Fenſter. Darüber hinweg die Giebel
der nächſten Häuſer ſichtbar. In der Ferne ein Kirchturm. Links eine offne, in den
Garten führende Thür; rechts gegenüber eine zweite, geſchloſſene. Die Sonne iſt
im Untergehen begriffen. Volle Beleuchtung.

Der Dichter (im Erker). Da lacht — kaum weiß ich, zum wie vielten
Die Frühlingsſonn' mir wieder ins Gemach,   [Male?
Und weckt die alten, lieben Träume wach,
Die ſonſt auch wohl auf ihrem blanken Strahle
Wie gold'ne Falter' angegaukelt kamen,
Und mich an Sinn' und Herz gefangen nahmen,
So damals wie noch heut' . . . nur daß dazwiſchen
Ein Leben liegt . . . mein Leben! daß die Farben,
Die hell mir einſt geloht, ſich blaß entmiſchen
Allmählich: meine Ernte liegt in Garben!

Und doch — und doch ... ob reif sie auch und voll —
Wo ist der Drang, davon die Brust mir schwoll,
Eh' sie, wie heut', zu meinen Füßen lagen?
Die Freude wo, die jenen Schaffenstagen
Entquoll, Askese und Genuß zugleich,
Weltabgewandt und doch so überreich,
Daß einer ganzen Welt sie konnt' entsagen,
Und, wie ihr schien, erst drum sie recht gewann,
Sie doppelt zwang in ihren Zauberbann?
Sie schwand und ließ die Sinn' mir plötzlich leer,
Das Herz von tausend bangen Fragen schwer!
So kommt's, daß heute wie an ödem Strande
Ich steh', und was die Seel' sich auch erträumt,
Jenseits, gleich einem fernen Märchenlande,
Ich seufzend das nur seh', was ich versäumt!
Wie viel es, läßt das Wen'ge mich erkennen,
Daran wie fremd sich heut' mein Blick verliert:
Die Giebel die im Sonnengold dort brennen,
Die Schwalbe, die mir an das Fenster schwirrt;
Des Tages und der Nähe freundlich Leben,
Die kleinen Dinge all', die mich umgeben,
Seit Jahren schon, die waren, wie sie sind,
In sonn'ger Ruhe oder heit'rem Streben,
Und die mein Auge doch verlor wie blind,
Um nun, da meine wachen Blick' sie streifen,
So viel zu seh'n an allem und begreifen!
Zu viel vielleicht! Wer sagt's? Zieht das Empfinden
Allein doch nur die Grenzen uns'rer Lust
Wie uns'rer Qualen. Auf ihr Maß hinschwinden
Läßt der Verstand sie erst, zu spät bewußt
Wie immer seiner Pflicht! Wo liegt die Mitte?
Doch sei dem wie ihm sei: mir schwillt die Brust
Mit einem Mal dem Täglichsten entgegen;
Hereinströmt's wie ein warmer, voller Segen

Auf mich, aus einer Welt, die ich verachtet
Bis heut' — und was mein Auge auch betrachtet
An ihr, wird plötzlich schön und deutungsreich!

Wie lieb beschenkt mich nur ein Blick hin über
Des Gartens Frühlingsgrün! Es blaut darüber
Wie ein durchsichtiger Krystall die Luft,
Im Sonnenglanz erzitternd, schwer vom Duft
Der ersten Blumen, und dem brünst'gen Hauche
Der Erde, die mit off'nem Mutterschoß
Daliegt, sehnsüchtig der Befruchtung bloß
Wie eine Braut! Leis' wiegt am Fliederstrauche
Die offne Dolde sich. Dort blüht der Klee
Den Bienen auf, und in den Rasen nieder
Fällt lautlos-weich der Apfelblüten Schnee!
Die Schwalben streichen zwitschernd hin und wieder,
Dem Finken folg' ich bis zu seiner Brut:
Dort schwankt sein Nest in grüner Zweige Hut,
Und off'ne Schnäbel zirpen ihm entgegen,
Und lohnen seine Müh'! Auf allen Wegen,
Wie kriecht's und krabbelt's über Stein und Kraut,
Sucht Junge, Atzung, oder eine Braut.
Mein Gott, wie schön! Und über all' dies klettern
Der Häuser Giebel zierlich in die Luft,
Und Kinder lachen, Vogelstimmen schmettern,
Aus gold'ner Ferne eine Glocke ruft,
Als gält's, ein neues Eden einzuläuten ....

Sieh dort die Kleinen, wie sie drollig schreiten,
Zum Ringel-Reih'n sich fassend Hand an Hand!
Nun purzelt Eines kichernd in den Sand,
Und zappelt wie ein Käfer. An den Beinchen,
Den prallen, zieh'n die andern es empor,
Indes der Racker zornig in die Steinchen

Die Hände wühlt . . .
           Wie klingt in meinem Ohr
So frühlingshell selbst seine Stimme wieder;
Wie neid' ich plötzlich ihm die drallen Glieder,
Und diese Gab', so ganz sich zu verlieren
An eine kleine, nicht'ge Freude! Irren
In jene Tage mir die Sinn' zurück —
Mein Gott, dann ist's ein and'res Kinderglück,
Das ich genoß! So fremd mir selbst als andern,
Seh' ich mich unter den Gespielen wandern,
Nie ganz bei ihrer lauten Fröhlichkeit —
Mit einer Seel', die fremdes Sehnen weit
Und doch auch traurig macht. Ein seltsam Drängen
Im Herzen tief, als ob ein and'rer grollte
In mir, der plötzlich sich befreien wollte!

Bis ganz er endlich mich gefangen nahm . . .
Wie eine Lieb' begann's in stummer Scham,
Um dann als wilde Glut an mir zu zehren,
Der Sinne letzte Wurzeln zu verheeren,
Die aus der Alltagsscholle warmem Grund
Noch Freuden, wie sie and're kennen, sogen.
Verloren hab' ich mich seit jener Stund',
Bin starr der Welt geworden: fortgezogen
Von jenes Dämons dunkler Rätselkraft, —
Gefäß nur dieser einen Leidenschaft!
Als Kind schon unlieb so der eig'nen Sippe,
Ward Einsamkeit mir, was den andern Lust
Und Nahrung ist; von Worten karg die Lippe,
Die Seele schwer von ihrem eig'nen Duft!
In fremder Sprach' begann um mich zu reden,
Was allen andern schwieg; was ihnen sprach,
Verklang an meinem Ohr, bis alle Fäden
Zerrissen, und das Herz nur jenem wach,

Der in mir sann und dichtete und grollte,
Und sich aus nichts ein Sein erschaffen wollte,
Wie Gott! Daß er's gekonnt, sagt mir die Welt,
Der Kranz, den lärmend sie entgegenhält
Dem Mann, der sie gemieden und verachtet
Um diesen Kranz, und nun er ihn betrachtet,
An seinen Blättern bang die Freuden zählt,
Die er verloren. Was mich heute quält,
Ist nur der wache Schmerz, nie das gewesen
Zu sein, was ich verleugnet hab'. Zu lesen
In jenem myst'schen Buch war mir nicht gut:
Nun schlepp' von der dämonischen Gemeinschaft
Die Kett' ich nur und ihrer Wunden Glut ...

(Der offenen Thüre zugewandt:)

Jetzt stirbt die Sonn'; in ihrem Purpur liegt,
Vom Gattenarm des Frühlings weich umschmiegt,
Die Erde da, wie eine Fürstenbraut.
Auch ein Mysterium, das ich bloß geschaut,
Das nie erschüttert mich an Leib und Seele,
Wie heut'! Der Einsamkeit nur angetraut,
Ließ ich des Herzens Blüten kalt verdorren,
Bewacht von meinem eifersücht'gen Gott —
So ist ein ganzer Frühling mir erfroren!
Und was die Ruhmsucht ließ, das that mein Spott:
Der stieg so recht als Gift mir in die Kehle,
Wenn laut sie werden wollt'; und nahm sein Messer
Zur Hand, und grub das Herz mir aus der Brust,
Und lachte dann ein stolz: „So ist es besser!"
O, — besser! Nur daß ich für diese Lust
Zu schwach geraten bin, und Jugend, Liebe,
Nun zwingen möchte über diese Schwelle,
Ein Blinder, der nach der verlornen Helle
Vergeblich ach! die müden Arme streckt!

(Sich besinnend.)

Was träum' ich da? Sie bleiben unerweckt!

Allein mit meinem königlichen Leide,

Von fremden Lippen neidisch Ruhm genannt,

Verzehr' ich einsam mich um jene beide!

(Läßt sich, das Haupt auf die Rechte gestützt, an dem Schreibtisch nieder. Es ist allmählich dunkel geworden. Ein breiter Lichtstreif des aufgehenden Mondes quillt durch die offene Thüre bis zu seinen Füßen. Aus der Ferne, wie vom Wind hereingeweht, die von einer Violine gespielten Takte des Motto. Dann wieder tiefe Stille. Der Lichtschein wird allmählich voller, intensiver. Im Rahmen der offenen Thür erscheinen, Hand in Hand, die Idealgestalten der Jugend und Liebe.)

Die Jugend. Im Vollmondglanz liegt draußen blau das Land —

Solang' die Rosen blühen, ist's mein Eigen!

Der Sterne Silber rieselt durch den Sand,

Die Sehnsucht flötet in den Fliederzweigen

Als Nachtigall ... wie duftet der Jasmin!

's ist eine Wundernacht! Des Lebens Pforte

Sprang heute auf mit goldig-hellem Klang —

Komm' mit, ich lehr' Dich seine Zauberworte:

Dir schwoll die Brust nach ihm so heiß, so bang ...

Komm' mit, die Sterne Deiner Jugend leuchten

Noch einmal — komm', ich zeige Dir den See,

Daraus in ihrer Gliederpracht, der feuchten,

Lebendig aufrauscht Deiner Sinne Fee,

Der Silbertau der Nacht rinnt als Geschmeide

In Perlentropfen über ihren Leib.

Narzissen blüh'n zu Füßen ihr; wie Seide

Umknistert gold'nes Haar das nackte Weib.

Siehst Du, sie hat den Hals zurückgebogen,

Und lacht so leis', so heimlich vor sich hin —

Die jungen, sehnsuchtsvollen Brüste wogen,

Ach — komm', sie ruft — sie winkt, ich führ' Dich hin!

Der Dichter (sich langsam, wie ein Somnambüler erhebend und auf die Erscheinungen zuschreitend:)

So sah ich sie — so hab' ich sie gebannt,

Im Wort für immer ihren Reiz gefangen!

Nichts Neues hat Dein Mund mir da genannt:
Ein Lied nur, das einst meine Lippen sangen!

Die Jugend. Doch nie gabst Du Dich diesem Reiz gefangen.
Heiß sang im Ohre Dir das junge Blut,
Und Deine kraftgeschwellten Pulse sprangen —
Asketisch wie Dein Traum blieb Deine Glut!

Der Dichter. Wahr scheint mir ja, was Deine Lippen sagen:
Im Herzen hör' ich ein Verlor'nes klagen,
Wie eine bange, alte Melodei,
Gesungen von vergess'nen Mädchenstimmen,
Die halb in leis' geweinten Thränen schwimmen.
Und Du bist da!

Die Jugend. Bin da, und mach' Dich frei!
Und geb' zurück dem Reiz Dich aller Stunden,
Die Du versäumt, und dem Genuß der Wunden,
Die Du nach ihrem Schmerze nur gekannt!
Der Dichter (erwartungsvoll). Und dann?

Die Jugend. Sagt' ich Dir doch von jenem Land,
Das mein und Dein, solang' die Rosen blühen!

Der Dichter. Und dann?

Die Liebe. Dann nehm' ich leise Deine Hand;
Ein Vogel lockt uns — horch! Von Blüten nieder
Geht über uns ein weicher, duft'ger Schnee.
Kennst Du sie noch, die alten, irren Lieder?
Es liegt das Herz so wund von sel'gem Weh!
Dein Tag wird Echo einem einz'gen Schritt,
Ein Schleiertuch nimmt Deine Weisheit mit,
Und wirft sie in die Lüfte, wie die Locken
Der jungen Frau, die Deine Pulse stocken
Und Deine Mannesseele beben macht!

Der Dichter. Auch Du sagst mehr mir nicht, als ich gedacht,
Und denkend durchgenossen, durchempfunden!
Und dann?

Die Liebe. Doch niemals schloß ich Deine Wunden!

Der Dichter. Und dann?

Die Liebe. Ich seh' das Sein durch meine Pforten wandern ..
Dann steh'n sie offen wieder einem andern!

Der Dichter (wie erwachend). Das Wort, das mir zerstört noch
jed' Gesicht!
Ich halt' mich selbst, mit andern teil' ich nicht!
Durch off'ne Thüren aus= und einzugehen,
Im großen Strom sich tausendfach zu sehen
Wie eine Well' für trügenden Genuß,
Wär' mehr, als meines Schmerzes ganze Buß'!
(Verzweifelnd.)
O sprecht, wißt Ihr nicht andres mir zu sagen?
Die Antwort nicht auf jene großen Fragen,
Die mir wie Rätsel in der Seele glüh'n?
Was seid Ihr denn, genügt's, Euch auszudenken?
Und warum soll ich mich an Euch verschenken,
Trag' ich in mir Euch? Wär' so klein die Welt,
Daß diese Stube sie umfangen hält?
Daß zwischen meiner Lipp' und meiner Feder
Mehr Allmacht ist, als zwischen ihre Räder
Der Weltgeist warf? Daß ich in meinem Traum
Ein Meer umfangen kann, ohn' seinen Schaum
Zu meinen Füßen bleich zergeh'n zu sehen?
Für welche Thür dann ward ich aufgespart,
Bin ich zu groß für Pforten dieser Art?
(Die Erscheinungen verschwinden.)

Sie gehen ... und mir ist es wie im Traum —
Daß ich gerufen sie, nun glaub' ich's kaum!
Wie müde schlägt's mir jäh die Sinne nieder,
Zu süßlich duftet plötzlich mir der Flieder —
Die Thüre zu und um mich nur die Nacht!

(Wieder am Schreibtisch. Kurze Panse.)

So hätt' ich denn mich selbst zu Grab gebracht!
Hab' freilich nie in ihrer Luft geatmet,
Gesprochen nie so recht in ihrer Sprach',
Und nun ich's könnt', wird jener wieder wach,
Der mir so überreich schuf das Empfinden,
Daß hinter ihm die Dinge selbst verschwinden!
Was nah mir trat, ich mußt' es überwinden,
In meinen Farben nur sah ich die Welt,
Und so geschieht's, daß, nun auch sie hinschwinden,
Ein Schattenspiel sich bloß dem Blick erhellt!
Genug .., ich fühl', wie meine Tag' sich neigen.
Die Seel' erfüllt nur mehr ein großes Schweigen,
Das Ruhe scheint und doch auch rätselhaft
Noch einer Antwort harrt, wie eine Kraft
Des Schlag's, der sie befreien soll!

(Die geschlossene Thür öffnet sich lautlos. Dahinter ein weiter, dunkler Raum sichtbar.
Auf der Schwelle steht, im weißen Heroengewande, Thanatos. Seine Linke hält
eine herabbrennende Fackel, die Rechte einen Lorbeerkranz. Silberne, geflügelte
Kothurne, die, wie er vorwärts schreitet, leise klingen.)

Thanatos (nach der gegenüberliegenden Thüre weisend, durch welche die Jugend
und die Liebe verschwunden).

Du hieß'st durch jene Thür das Leben geh'n —
Das heißt: in meinem Reiche aufersteh'n!
Du schauderst nicht, ich weiß, vor meinem Worte:
Ein Fürst wie ich trittst Du durch meine Pforte,
Um immer wieder draus hervorzugeh'n
Wie ich, nicht zu verschwinden, wie die andern,
Die mit Dir eines nur gemein: das Wandern

Von Tag zu Tag! Wer sich dahingegeben
Der Jugend und der Liebe und dem Leben,
Hat mir gedient — ich hol' ihn mir zurück
Mit seiner Krone und mit jedem Glück!

(Am Stuhl des Dichters.)

Nur einem bring' ich selber eine Krone,
Durchwunden mit dem Asphodil der Nacht,
Die eifersüchtig an der Schöpfung Throne
Das Ew'ge und das Endliche bewacht:
Dem Starken, den sein Dämon nur besessen,
Nur eine einz'ge, heil'ge Leidenschaft,
Der, ob's auch thöricht schien, die Welt vergessen,
Um das Gefäß zu sein der einen Kraft!
Von allen Kränzen, die man Dir gewunden,
Verkündete nicht einer Deinen Ruhm,
Wär' von dem Maß der rinnenden Sekunden
Nicht jede Deines Gottes Eigentum!
Nicht töten kann ich den, der an dem Leben
Gewirkt wie Du, mit heil'ger Schöpferhand —
Nur fragen Dich, ob Du, mir hingegeben,
Willst tauschen dieses mit dem andern Land?
Es wird die Zeit zu Deinem Fuß verschäumen,
Wie sie bis heut' an Dir vorüberging,
Auch wenn Dich meine Pforte schwarz umfing —
Entscheide Dich nun!

Der Dichter .... Laß mich weiterträumen!

(Sein Haupt sinkt zurück. Der Tod tritt heran und krönt es mit dem Lorbeer.
Die Fackel erlischt.)

Von derselben Verfasserin erschienen früher
im Verlage von **Breitkopf und Härtel** in Leipzig:

Robespierre.

Ein modernes Epos.

2 Bde. (Geh. 10 ℳ; geb. ℳ 12.50.

....„Eine Dichtung, die nicht nur einzig dasteht, in der gesamten neueren Literatur,
sondern auch als ein Meisterwerk sich behaupten wird, solange es überhaupt eine Literatur
gibt." Carneri, in der „Neuen freien Presse", von 1. März 1895.

....„Wir wüßten diese Jamben, was Gedrängtheit des Stils und die reiche, oft knappe
Bildlichkeit betrifft, nur mit denen Shakespeares zu vergleichen." Rudolf von Gottschall
in der „Schlesischen Zeitung v. 16. Juli 1895.

Der Rebell. Bozi.

Zwei Erzählungen.

(Geh. 3 ℳ; geb. 4 ℳ.

....„Die Kunst der Stimmungsmalerei und Charakteristik kann kaum vollkommener
gehandhabt werden, als es in diesem Buche geschieht." Norddeutsche. Allg Ztg. 1895. Nr. 488.

Italische Vignetten.

(Geh. 3 ℳ; geb. 4 ℳ.

....„Rom, Neapel, Pompeji, Sorrent, Capri, Bilder nach dem Leben, in glühenden,
oft grellen Farben, mit leidenschaftlichem Pinsel gemalt: Erinnerungsträume an geschicht-
lich bedeutungsvollen Stätten, hier erschütternd durch ihren Ernst, dort voll sinnlich be-
rauschenden Klanges, überall gedankenreich und formgewandt." Leipziger Zeitung, 1892.
Nr. 271.

Im Verlage von **Karl Konegen** in Wien:

Hermann.

Deutsches Heldengedicht in zwölf Gesängen.

Zweite Aufl. (Geh. 4 ℳ; geb. 5 ℳ.

....„Die moderne Epik hat nicht viel erzeugt, was dem „Hermann" delle Grazie's
an die Seite gesetzt werden kann." Vossische Zeitung 1884, Nr. 1.

Saul.

Tragödie in fünf Akten.

(Geh. ℳ 1.80; geb. ℳ 2.80.

....„Saul ist das bedeutendste unter den älteren Werken delle Grazie's. Die Auffas-
sung dieses Dramas ist neu, der Conflict ein tieftragischer." Moderne Rundschau 1891. IX.H.

Die Zigeunerin.

Eine Erzählung.

(Geh. ℳ 1.40; geb. ℳ 2.40.

....„Ein Kleinod der Erzählungskunst." Erich, „Literarischer Merkur," 1895. Nr. 7.